Dr. Robert Steigerwald

Unten, wo das bürgerliche Leben ...

Über Philosophie und Philosophen

Dr. Robert Steigerwald
Unten, wo das bürgerliche Leben ...
Über Philosophie und Philosophen
Alle Rechte vorbehalten
Keine Digitalisierung oder anderweitige Speicherung,
keine kommerzielle Vervielfältigung
ohne Zustimmung des Verlages
Alle Rechte an den Texten: Dr. Robert Steigerwald
Alle Rechte am Buch: Kulturmaschinen e.K., Berlin
Kontakt zum Autor über den Verlag
Copyright: Dr. Robert Steigerwald (Texte) und
Kulturmaschinen e.K. (Buch)
Es gilt deutsches Urheberrecht
in Kombination mit dem internationalen Copyrightabkommen
Druck: Sowa Sp. z.o.o., Hrubieszowska 6a, Warszawa
Kulturmaschinen e.K., Wilhelmstr. 119 b, 10963 Berlin
www.kulturmaschinen.de
1. Auflage 2009

Es genügt nicht, dass der Gedanke zur Verwirklichung drängt,
die Wirklichkeit muss sich selbst zum Gedanken drängen
Karl Marx, Zur Kritik der Hegelschen Rechtsphilosophie. Einleitung.
MEW 1, S. 386

Inhaltsverzeichnis

Gesellschaftswissenschaften ohne die Marx'schen
Erkenntnisse und Sichten bleiben unwissenschaftlich 7

Philosophie und Naturwissenschaft 53

Dieses Buch ist eine Tat! 69

Handelt es sich bei Marx, gelesen durch
die Brille der Frankfurter Schule, noch um Marx? 87

Aristoteles und der intelligente Designer 103

Offener Brief an Dr. Reinhard Marx,
Erzbischof von München 111

Wie Schmidt-Salomon den Kreis eckig machen will.
Zum sogenannten Evolutionären Humanismus 119

Bemerkungen zu Hegels Wort
„Unten, wo das bürgerliche Leben konkret ist ... " 129

Wie Ludwig Feuerbach dem Karl Marx half,
den Hegel vom Kopf auf die Füße zu stellen. 139

Exkurs: Zum Neu-Entstehen 155

Übersichtsregister 171

Nachwort 178

Gesellschaftswissenschaften ohne die
Marx'schen Erkenntnisse und Sichten
bleiben unwissenschaftlich

All jene, welche die Losung der Weltsozialforums-Bewegung aufgreifen, dass eine andere Welt nötig und möglich ist, stehen vor der Frage: Geht das überhaupt, eine andere Welt zu schaffen? Welche Bedingungen müssten gegeben sein, um ein solches Ziel zu erreichen? Wenn die Welt nur ein chaotisches Gewimmel wäre, wenn es in ihr keine Ordnungen, Regeln, keine Gesetzmäßigkeiten gäbe, an die man anknüpfen, mit deren Nutzung man wirken könnte, so wäre weder Erkenntnis noch Handeln, weder Theorie noch Praxis möglich. Wer die Welt verändern will, muss erst einmal erkennen, „was die Welt im Innersten zusammen hält"! Dies ist eine logische (!) Bedingung, zunächst ganz unabhängig von irgendwelchen großen Ideen, Ideologien, Programmen. Aber auf jeden Fall gilt dies für den Marxismus, der in Theorie und Praxis auf die Überwindung der bestehenden Wirklichkeit orientiert. Für ihn sind objektive Gesetze in Natur, Gesellschaft und im Denken das wichtigste Thema. Für ihn gilt: Ohne Gesetze ist Wissenschaft unmöglich. Wenn es also Gesellschaft und Gesellschaftswissenschaft geben soll, so muss es gesellschaftliche Gesetze geben.

Schon bei den alten Griechen finden wir Diskussionen darüber. So gibt es einen Dialog in einem der Werke Platons:

„*Sokrates: Nun weißt du doch, dass die reichen Leute ganz und gar außer Angst sind und vor ihren Sklaven sich nicht fürchten?*

Glaukon: Was hätten sie auch für Veranlassung zur Furcht?

Sokrates: Keine, aber bist du dir auch klar über den Grund dieser Erscheinung?

Glaukon: Jawohl, es ist dieser: Der ganze Staat steht jedem dieser einzelnen Privatleute zur Seite.

Sokrates: Richtig. Aber gesetzt nun, ein Gott entrückte einen dieser Männer, der fünfzig oder mehr Sklaven hat, aus der Stadt und versetze ihn mit Weib und Kind und seiner ganzen Habe sowie mit seinen Sklaven in eine Wüste, wo ihm kein Freier zu Hilfe kommen könnte, welche Vorstellung machst du dir von der Art und Größe der Todesfurcht für sich selbst,

*für seine Kinder und sein Weib, in der er vor den Skla-
ven schwebt?*

*Glaukon: Es ist die denkbar größte meiner Ansicht
nach."*

Platon, Der Staat, Leipzig 1978, S. 390

Platon hat also schon vor 2400 Jahren gesagt, was
das Wesen des Staates ist und was mancher Sozialde-
mokrat bis heute noch nicht erkannt hat. Er ist, wie es
der Marxismus sagt, nichts anderes, als der Knüppel in
den Händen der Herrschenden zur Unterdrückung der
Ausgebeuteten. Dass, um diesen Ausbeutungsprozess
schützen zu können, bestimmte Neben-Funktion des
Staates eingeführt werden mussten, dass es Weiterent-
wicklungen von Bedeutung gab – auf die wir in diesem
Buche an anderer Stelle gründlicher eingehen – ändert
an dieser grundlegenden Aufgabe des Staates nichts.

Oder nehmen wir Aristoteles.

*„Dass aber der Mensch mehr noch als jede Biene
und jedes schwarm- oder herdenweise lebende Tier ein
Vereinswesen ist, liegt nahe."*

Aristoteles, Politik, Leipzig 1943, S. 4.

Zoon politikon heißt, ein politisches Wesen ist der
Mensch, ein Mensch nur, da er im Kollektiv lebt, und
darauf angewiesen, im Kollektiv zu leben.

Goethe, nicht erst Marx, wird darum in einem Gespräch mit Eckermann den Menschen ein Kollektiv-
wesen nennen (im Gespräch mit Eckermann am 17. Fe-
bruar 1832, also wenige Wochen vor seinem Tod).

Und noch einmal Aristoteles: *„Wer aber nicht in Gemeinschaft leben kann oder ihrer, weil er sich selbst
genug ist, gar nicht bedarf, ist ...demnach entweder
ein Tier oder ein Gott!" Ebenda, S. 5.*

Oder diese geniale Voraussicht des Aristoteles auf das
Zeitalter der Roboter:

*„Denn freilich, wenn jedes Werkzeug auf erhaltene
Weisung, oder gar die Befehle im voraus erratend, seine Verrichtung wahrnehmen könnte...wenn so auch
das Weberschiffchen selbst spielte, dann brauchten allerdings die Meister keine Gesellen und die Herren
keine Knechte." Ebenda, S. 7*

Doch ist schon die Übersetzung verräterisch, denn
bei Aristoteles ist von Sklaven und Herren, das waren

dann natürlich die Sklavenhalter, die Rede! Dennoch: Der Traum von einer klassenlosen Gesellschaft, wir finden ihn schon bei Aristoteles.

Gesetzmäßigkeiten des gesellschaftlichen Zusammenlebens sind also ein schon altes Thema.

Ich übergehe jetzt die weitere Geschichte, denn mir kam es hier nur darauf an zu zeigen, dass Strukturgesetze des gesellschaftlichen Lebens bereits zur Zeit der alten Griechen erörtert wurden. Sie werden auch als soziologische oder Strukturgesetze von manchen nicht- oder antimarxistischen Ideologen akzeptiert. Die Marxismus-Kritiker, Jesuitenpater Gustav Andre Wetter beispielsweise, gestehen zu, dass es statistische Gesetze soziologischer Art gibt, die eine Aussage über die Häufigkeit etwa von Selbstmorden in einer Großstadt gewähren und ähnlich gelagerte Erkenntnisse. Aber was das Wesentliche ist: Gesetzmäßigkeiten gesellschaftlicher Entwicklung, Geschichtsgesetze, die gibt es für solche Ideologen nicht. *(Gustav André Wetter, Der Dialektische Materialismus. Seine Geschichte und sein System in der Sowjetunion, Freiburg 1953, S. 417 f)*

Gerade darauf aber kommt es an: zu zeigen, dass es nicht nur solche Strukturgesetze gibt, sondern Entwicklungsgesetze, geschichtliche Gesetze.

Gustav Wetter hätte hier weiter denken sollen! Die Zahl der Selbstmörder ist bestimmt im reichsten Kreis der Bundesrepublik, in dem ich lebe, anders als etwa in Bochum mit den dort rund zwanzig Prozent Arbeitslosen. Statistik hilft hier gar nichts, sagt nichts über Zusammenhänge, die nun auch wiederum Entwicklungsprodukte sind. Also selbst Wetters statistische Gesetze sind alles andere als Zufallsprodukte. Die individuellen Zufälligkeiten haben Gründe. Das Zufällige bedarf der Diagnose, der Analyse!

Ist die Existenz gesellschaftlicher Entwicklungsgesetze zu beweisen?

Dies kann auf eine ganz einfache Weise gezeigt werden. Der Abstand, der uns Heutige von urgemeinschaftlichen Zuständen trennt, ist qualitativer Art. Wir leben nicht in Höhlen, haben ganz andere als die primitiven Steinwerkzeuge der damaligen Zeit. Wenn die Dinge so wären, dass die jeweiligen Handlungen der einzelnen Menschen sich gegenseitig durchkreuzten, annullierten, dass der eine mit dem Hintern das umwirft, was der andere mit dem Kopf aufgebaut hat, dann würden wir heute noch auf die gleiche alte Weise leben, gebe es keinen Fortschritt, keine Entwicklung. Dieser nachweisbare Abstand zur Urgemeinschaft ist nur möglich, weil es ein Gesetz der Entwicklung geben muss.

Ist dieses Gesetz der Entwicklung, der Entfernung von einem gegebenen Ausgangspunkt, wie der Heilige Geist zu Pfingsten über die Jünger Jesu gekommen oder gibt es dafür einen materiellen, nachweisbaren Grund? Er ergibt sich aus unserer Auseinandersetzung mit der Natur, aus jenem Arbeitsprozess, den wir um unseres Überlebens willen meistern müssen. Ganz gleich, was jede Einzelne, jeder Einzelner dabei im Kopfe hat, welche „Zufälligkeiten" dabei eine Rolle spielen mögen: Letztlich mündet alle unsere Aktivität bei der Meisterung des Lebens in Arbeit. Dabei fügen wir zwischen uns und die Natur (unsere Arbeitsgegenstände) Werkzeuge (Arbeitsmittel) ein, weil unsere natürliche Ausstattung für diesen Arbeitsprozess nicht ausreichend ist. Und mit jedem Werkzeug, das wir verbessern, ändern sich unsere Lebensverhältnisse. Auch auf dramatisch Art, wie mit der „Zähmung" des Feuers, mit der Erfindung von Pfeil und Bogen und dergleichen. Das führt in solchen Fällen gerade zu einem Sprung nach vorwärts, zur Höherentwicklung. Das Gesetz entsteht und setzt sich durch allein durch unsere Arbeit!

Aber darin entsteht dann etwas Besonderes, das fortan das gesamte gesellschaftliche Leben bestimmen wird: Es kam der Moment, da die Arbeit mehr herzustellen vermochte, als für die Befriedigung der unmittelbaren Bedürfnisse erforderlich: Ein Mehrprodukt. Dies wird die Grundlage aller menschlichen Kultur (und Unkultur), die sich nur aus diesem Mehrprodukt gestalten lassen. Aber um die Aneignung dieses Mehrprodukts findet dann auch der Kampf zwischen Menschen statt – es entstehen Klassen von Arbeitenden und von Aneignenden, wobei sich die Aneignenden bewaffnete Organe zum

Schutz ihres Aneignungsstatus' schaffen: Die des Staates und den Staat selbst – ich erinnere an den eingeführten Dialog Platons. Und beide „Seiten", die Arbeitenden und die Aneignenden, bilden sich zur Begründung ihrer jeweiligen Position im Kampf um das Mehrprodukt ihre geistigen Waffen: Ideologien – politische, religiöse, philosophische usw.

Hier nun haben wir das breite, spezifische Arbeits- und Kampfgebiet der Gesellschaftstheorien, der wissenschaftlichen und der unwissenschaftlichen. Und es wird ein Hauptbestandteil der vorliegenden Arbeit sein, sich Strategien anzuschauen, die auf diesem Gebiet entwickelt worden sind. Dabei sei angemerkt, dass diese Verfahrensweisen, wie alles in Natur, Geschichte und Denken, dem geschichtlichen Wandel unterworfen sind, also beispielsweise der naturwissenschaftliche Materialismus des neunzehnten Jahrhunderts oder die Soziologie und jener bzw. jene des zwanzigsten – bei aller Gemeinsamkeit – sich ebenso voneinander unterschieden, wie sich der Kapitalismus der vorimperialistischen Periode von jenem des Imperialismus unterscheidet. Doch werde ich darauf nicht im Einzelnen eingehen.

Hier ein paar grundlegende Beispiele:

Es handelt sich um Herangehensweisen, die uns im Laufe dieser Arbeit immer wieder begegnen werden. Ich nenne eine erste den Fluchtweg in die Individualität. Es werden gegeneinander gestellt: Einzelnes und Allgemeines bei Behauptung des Primats des Einzelnen. Das Einzelne führe nicht hin zu einem solchen Allgemeinen, wie es Gesetze nun einmal sein müssen und deshalb könne es keine gesellschaftlichen Gesetze geben. Klassisch hat das Schopenhauer formuliert.

„Sie" [die Geschichte] ist ... zwar ein Wissen, jedoch keine Wissenschaft. Denn nirgends erkennt sie das Einzelne mittels des Allgemeinen, sondern muss das Einzelne unmittelbar fassen." (Schopenhauer, Werke, Brockhaus, Leipzig, Parerga, Band 3, S. 503) Die Auseinandersetzung mit dieser Position führe ich an anderen Stellen, dort, wo sie konkret angewendet wird.

Eine zweite Variante, die uns gleichsam tagtäglich begegnet und zum „Eisernen Bestand" der Medien-Ideologie gehört, ist bereits uralt. Sie wurde im Jahre 494 vor unserer Zeitrechnung in Rom erfunden. Da meinten die Plebejer, nicht länger mehr sollte der faule Bauch verschlemmen, was fleißige Hände erwarben. Kurzerhand legten sie die Arbeit nieder und machten sich auf den Weg, raus aus der siebenbergigen Stadt. *„Wollen doch mal sehen, was die da oben auf dem Kapitol anfangen ohne uns. Zu Ende geht ihre Zeit mit Sekt, Kaviar und schönen Frauen!"* Die da oben, auf dem Kapitol, waren wirklich durcheinander: *„Was fangen wir nur an ohne unsere 'Mitarbeiter'?"*, jammerten sie und beschlossen dann, ihren erfahrensten Zeitungsmacher zum Volk zu schicken. Der ging hin und fing zu reden an: *„Also, meine lieben Mitbürger Roms. Wir verstehen ja, dass Ihr nicht damit zufrieden seid, immerfort nur arbeiten zu sollen, während wir da oben auf dem Kapitol sitzen und – so meint Ihr – nichts weiter zu tun hätten als unsere Denaren zu verjubeln. Ist aber gar nicht so. Wenn Ihr wüsstet, wie sehr wir uns plagen müssen im Dienste der Stadt, wir müssen leiten, planen, organisieren, auch die Rüstung und alles das, was sich für eine Stadt unseres Ranges gebührt. Und was denkt Ihr, wenn wir, wie Ihr jetzt, die ihr die Hände in den Schoß legt, unser Denken und Nachdenken ausschalten würden, was dann passierte? Ihr hättet keine Arbeit mehr. Nicht nur wir, sondern auch Ihr kämet elendiglich um. Denkt darüber nach und, wir laden Euch herzlich dazu ein, kommt wieder zurück in unsere heilige Stadt und sorgt Euch nicht, dass wir an Strafe denken wegen des Streiks. Wir haben ein großes Herz und können verzeihen."*

So ungefähr war die wohlgesetzte Rede des Patriziers Menenius Lanatus Agrippa. Und, ob man's glaubt oder nicht: Die Plebejer gingen wieder nach Haus und lebten hinfort, wie einst im Paradies der Wolf friedlich neben dem Schaf, in Ruhe und Frieden in sozialer Partnerschaft zusammen, die Plebejer und die Patrizier, die Hände und die Köpfe.

Und diese Geschichte wird uns unteren Millionen von den oberen Zehntausend seit eh und je auf die eine oder andere Weise als Schlaflied vorgesungen, denn sie wissen, was es bedeutete, würden wir aus dem Schlaf erwachen!

Dies also eine zweite Strategie, die Einsicht in die Prozesse und Gesetze gesellschaftlicher Entwicklung zu verhindern.

Des Weiteren gibt es Philosophen und Gesellschaftswissenschaftler, Soziologen, die zustimmen, dass es gesellschaftliche Gesetze gibt, aber sagen, dass diese ideeller, intellektueller, geistiger Art sein müssten. Auch diese Frage lässt sich wieder durch eine einfache Überlegung klären.

Wir wissen, dass Böttger oder Berthold Schwarz, die beide Gold machen sollten, sich viele Jahre lang mit größter Intensität darum bemühten, Gold zu schaffen, dass sie alles Mögliche ausprobierten, dass sie getrieben waren von dieser Idee, Gold zu machen, dass aber beide etwas Wichtiges, allerdings ganz anderes herausfanden, der eine namlich das Porzellan und der andere das Schießpulver. Es geht aber nicht um solche Fehlleistungen, um solche Ergebnisse des Widerspruchs zwischen dem individuellem Denken und dem erreichten Ergebnis. Viel wichtiger ist, dass es in der Geschichte immer wieder Ideen gab, die große Massen erfassten, die, um ein Wort von Marx zu benutzen, zur materiellen Gewalt geworden sind, und die dennoch ihr Ziel nicht erreichten. Man kann ohne Weiteres zugeben, dass es in der christlichen Religion solche Ideen gibt. Ideen der Nächstenliebe, ich will darauf nicht weiter eingehen. Zweitausend Jahre Christentum, dieses dabei oft mit großem Opfermut verfochten (man denke an die verschiedenen Ketzerbewegungen), haben nicht dazu geführt, dass jene Ideen in die Realität umgesetzt werden konnten. Ideen, auch die großer Menschen, sind nur dann realisierbar, wenn sie auf materiell-gesellschaftliche Bedingungen treffen, die diese Realisierung ermöglichen.

Wir sind also darauf angewiesen, diese materiell gesellschaftlichen Verhältnisse zu untersuchen.

Und da kommen nur diese in Frage:
- geographischen-klimatischen Verhältnisse
- demographische Verhältnisse
- biologische Bedingungen
- die Produktion des materiellen Lebens der Gesellschaft.

Wir müssen uns also diese Bedingungen unter die Lupe nehmen. Natürlich kann es kein menschliches Leben geben ohne bestimmte geographisch-klimatische Verhältnisse, und deren Bedeutung, deren Wirkung war in urgesellschaftlichen Zeiten weit dramatischer als heute (wenn ich jetzt davon absehe, dass die Einwirkung der Menschen auf geographisch-klimatische Verhältnisse heute von solcher dramatischer Art sind, dass sie, wenn es uns nicht zu gelingt umzukehren, zur Vernichtung der Gattung führen können). Aber dies schon zeigt, dass heute der primäre Faktor nicht die geographisch-klimatischen Verhältnisse sind, sie zwingen uns ja nicht zu diesem Verhalten. Sondern das menschliche Verhalten ist die Ursache dafür, dass der homo sapiens die geographisch klimatischen Bedingungen seines eignen Lebens gefährdet.

Die geographisch klimatischen Verhältnisse in der für uns überblickbaren geschichtlichen Periode haben sich nicht wesentlich verändert, aber es hat in dieser Zeit eine sich ständig beschleunigende Geschichte gegeben. Das bedeutet doch, dass die gesellschaftliche Entwicklung, ohne dass sie sich völlig vom geographisch-klimatischen Milieu lösen könnte, letztlich durch unser Tun bestimmt wird.

Nehmen wir den demographischen Faktor

Auch hier gilt, dass vor allem in der Frühgeschichte der Menschheit eine bestimmte Anzahl von Personen in einer Familie, Sippe vorhanden sein musste, damit Leben möglich war. Es war nicht möglich, ohne eine solche Größe den so schweren Jagderfolg zu sichern. Übrigens ist man in der damaligen Zeit wahrscheinlich weit eher Auseinandersetzungen aus dem Weg gegangen, denn schon der Ausfall von ein oder zwei Männern konnte den Untergang zur Folge haben. Kampf, wenn er nicht zu vermeiden war, etwa um eine seltene Wasserstelle, den hat es bestimmt geben. Aber die Menschen waren wohl weniger von einem angeblichen Aggressionstrieb beherrscht, als darauf angewiesen, sich gegenseitig zu unterstützen (statt sich gegenseitig umzubringen). Und auch hier gilt wieder:

Unterschiedliche demographische Entwicklungen, unterschiedliche Bevölkerungsdichten in unterschiedlichen Teilen der Erde haben keineswegs zu unterschiedlichen Gesellschaftsformen geführt. Der Kapitalismus entstand unabhängig davon, ob es auf einem Territorium große oder geringe Bevölkerungsdichte gab. Mehr noch: Auf der Grundlage des Kapitalismus, der damit verbundenen Entwicklung von Wissenschaft, Technik und Medizin änderte sich das Bevölkerungsgesetz. Nicht dieses war für den Kapitalismus verantwortlich, sondern dieser hat das Gesetz verändert, das Kausalverhältnis ist also klar. Was das heute so beliebte demagogische Spiel mit dem demographischen Faktor angeht – man müsse deswegen etwa die Arbeitszeit verlängern, die Rentenformel ändern usw. – so wird ganz bewusst ausgeblendet, dass, wo vor hundert Jahren vielleicht zehn Arbeiter nötig waren, um ein oder zwei Menschen zu ernähren, heute die Arbeitsproduktivität um ein Vielfaches höher liegt, so hoch, dass heute eine Arbeitskraft hinreichte, um drei bis vier Personen zu ernähren. Nicht der demografische Faktor ist das Problem sondern der Kapitalismus.

Kommen wir zum biologischen Faktor

Hier sollten wir ein wenig verweilen, denn gerade auf diesem Feld wird – häufig unter Missbrauch von Naturwissenschaft – die wohl stärkste massenvergiftende Waffe, die des Rassismus und der Ausländerfeindschaft eingesetzt.

Der Mensch ist ein Naturwesen und folglich sind auch biologische Faktoren menschlichen Wirkens und menschlicher Entwicklung Gegenstand von Wissenschaft, aber nicht von Geschichtswissenschaft!

Nehmen wir das Thema Rassen und Rassismus.

Wer sich kundig machen will, der gehe in eines der bedeutenden naturkundlichen Museen, wie etwa das Senckenbergische in Frankfurt a. M. Dort wird er erfahren, dass die Ethnologen heute übereinstimmend davon ausgehen, die gesamte heute lebende Menschenvielfalt stamme aus einer im Osten Afrikas beheimateten Menschengruppe ab. Sie war schwarzhäutig und hatte Kraushaar – und dies aus geografisch-klimatischen Bedingungen, die wissenschaftlich aufgehellt sind. Sie alle, wie sie heute leben, haben den gleichen Genotyp, das heißt die gleiche genetische Grundlage. Und diese hat sich in der jahrmillionenlangen Entwicklung der Menschheit erhalten, nicht verändert! Was sich veränderte ist der Phänotyp, also Hautfarbe, Haare, Augengestalt, die äußerlichen Merkmale, gewissermaßen die „Haut", die Einhüllung, die „Verpackung". Der geographisch-klimatische Faktor hat also tatsächlich gewirkt, durch Anpassung des Phänotyps an die geographisch-klimatischen Verhältnisse, um die jeweils günstigsten Bedingungen für das Weiterleben zu sichern. „Rassenmerkmale" sind nicht genetischer Art, sondern betreffen lediglich unser Äußeres, unsere „Hüllen". Wer wegen der unterschiedlichen Phänotypen eine genetische Verschiedenheit der Menschen behauptet, vertauscht Wesen und Erscheinung, verhält sich etwa so, wie jemand, der aus der Schädelform eines Menschen Schlüsse auf den in diesem Schädel enthaltenen Inhalt des Gehirns schließen wollte – was Rassefanatiker übrigens versuchten und was von den auf diesem Gebiet arbeitenden Wissenschaftlern als völliger Unsinn abgetan wird.

Rassismus kann zum Verständnis von Geschichte und geschichtlicher Entwicklung nichts beitragen, sondern dient einzig unter dem Vorwand naturwissenschaftlichen Argumentierens der Aufrechterhaltung der bestehenden, in unserem Fall imperialistischen Gesellschaft.

„Natur" hat tatsächlich oft und das auch verheerend in Geschichte und Gesellschaft hineingespielt, etwa durch Katastrophen, die zum Untergang von Kulturen und Völkern beigetragen haben. Aber das war – sieht man von Erdbeben und dergl. ab – nicht die Biologie, nicht der „biologische Faktor", denn Bedingungen solcher Katastrophen hat der arbeitende, produzierende Mensch geschaffen – etwa durch Abholzung von Wäldern. Der bestimmende Faktor war also nicht die Natur, nicht die Biologie, sondern der Mensch durch seine Eingriffe in die Natur.

Übrig bleibt von den vier Faktoren des materiell-gesellschaftlichen Lebens allein die Art und Weise der Produktion dieses Lebens. Wir sind damit bei Marx angelangt, aber ich werde nur zitieren, was Engels am Grab von Marx über die große Entdeckung Marxens auf diesem Gebiet gesagt hat:

„Wie Darwin das Gesetz der Entwicklung der organischen Natur, so entdeckte Marx das Entwicklungsgesetz der menschlichen Geschichte: die bisher unter ideologischen Überwucherungen verdeckte einfache Tatsache, dass die Menschen vor allen Dingen zuerst essen, trinken, wohnen und sich kleiden müssen, ehe sie Politik, Wissenschaft, Kunst, Religion usw. treiben können; dass also die Produktion der unmittelbaren materiellen Lebensmittel und damit die jedesmalige ökonomische Entwicklungsstufe eines Volkes oder eines Zeitabschnitts die Grundlage bildet, aus der sich die Staatseinrichtungen, die Rechtsanschauungen, die Kunst und selbst die religiösen Vorstellungen der betreffenden Menschen entwickelt haben, und aus der sie daher auch erklärt werden müssen – nicht, wie bisher geschehen, umgekehrt." (*Marx/Engels, Werke in sechs Bänden, Band 5, S, 507f*)

Ich kann mir nicht vorstellen, wie ein normal denkender Mensch die obigen Sätze von Engels nicht begreifen und bejahen könnte. Aber: Ist das wirklich so? Hat nicht der erste Großphilosoph der konservativ und reaktionär werdenden Bourgeoisie, Schopenhauer (von dem oben schon einmal die Rede war), das genau Gegenkonzept formuliert?

„Man könnte die Geschichte ansehen als Fortsetzung der Zoologie." (*Arthur Schopenhauer, Parerga II/480*)

Die Menschheit, ein Tierreich. Eine Masse gequälter Kreaturen, die immer entweder Raub- oder Beutetier sein müssen, wie es auch immer Herren und Sklaven gibt: Friss oder werde gefressen! Töte oder werde getötet! Wie sollte es in einem solchen Tierreich andere als tierische Gesetze geben können? Diese anderen Gesetze haben sich doch nur die „Zukurzgekommenen", die Beutetiere ausgedacht für ihren Kampf gegen die Raubtiere. Diese angebliche Gesellschaftswissenschaft ist deshalb ein asozialer, ein gegen die Lebensgesetze gerichteter Kampf. Jene auszumerzen, die sich so gegen die „naturgegebenen" Einrichtungen wenden, ist letztlich soziale Hygiene.

Dieser von Schopenhauer in die Welt gesetzten Leitlinie folgten sie, dabei stets barbarischer, schließlich massenhaft verbrecherisch werdend, die Nietzsche, Spengler und schließlich Hitler.

Hier haben wir eine durchgängige Methode des Angriffs auf die Gesellschaftswissenschaft, der wir auch immer wieder begegnen werden: Wirkliche oder angebliche Gesetze der außermenschlichen Natur werden benutzt, zumeist missbraucht, um aus den Konkurrenzgesetzen des Kapitalismus „Naturgesetze" zu machen, gegen die sich aufzulehnen unsinnig ist. Auf solcher „Grundlage" ist Gesellschaftswissenschaft unmöglich! Und dieses Verfahren beruht auf der Annullierung von gut zweitausend Jahren wenigstens europäischer Kulturentwicklung.

Der Weg zur Entdeckung gesellschaftlicher Entwicklungsgesetze

Es war ein spannendes Drama, das Bemühen des klassischen bürgerlichen Denkens – nicht nur das der Philosophie! – dem Geschichts- und Gesellschaftsproblem auf die Spur zu kommen. Vico meinte (in seinem Werk „Von der alten Weisheit der Italer aus lateinischen Quellen"), da wir – im Unterschied zur Natur – die Geschichte doch selbst machten, könnten wir sie auch verstehen. Zwischen Kant und Herder lief der Streit um das Verständnis der Geschichte. Herder entdeckte, der Mensch sei nicht, wie Tiere und Pflanzen, in eine bestimmte Naturnische hineingezwungen. Er könne kraft seiner biologisch gegebenen universellen Möglichkeiten unter den vielseitigsten Naturbedingungen leben. Benjamin Franklin erkannte, dies sei möglich, weil der Mensch seine Potenzen „gegen" die Natur wirken lasse, indem er seine natürlichen Gliedmaßen mit von ihm selbst aus Naturmaterial verfertigten Werkzeugen ausstatte. Kant wollte einerseits im Gefolge Newtons strengste objektive Gesetzmäßigkeit bewahrt wissen. Aber andererseits musste er einen Weg finden, das umwälzende Wirken des (bürgerlichen, das hat er in dieser Klarheit nicht gesehen) „Menschen" zu begründen. Denn Kant war – objektiv beurteilt – Verteidiger der von äußeren (sprich: überkommenen, feudalen und absolutistischen) Fesseln befreiten Persönlichkeit. Von solchen Motiven geleitet, sich zwischen ihnen hin und her bewegend, machte er sich daran, das Geschichtsproblem zu lösen. Doch stellte er resignierend fest: Der Mann möge kommen, der so wie Kepler und Newton den Leitfaden zum Studium der Natur jenen zum Studium der Geschichte entdecken werde. (In der „Idee zu einer allgemeinen Geschichte"): Der Mann, Marx, kam ja. Nur hatte sich das Erkenntnisinteresse als Ausdruck der materiellen Interessen der in Frage kommenden Klassen völlig verändert: Kant und seinen Vorläufern wie Nachfolgern im klassisch-bürgerlichen Denkprozess ging es um Geschichtserkenntnis als intellektuelle Untermauerung des realen bürgerlichen Revolutionsprozesses, Marx und Engels ging es um die Untermauerung des proletarischen Revolutionsprozesses, und das Bürgertum hatte die Lust auf Revolution längst verloren! Schon Hegel war es (bereits um die Wende vom achtzehnten zum neunzehnten Jahrhundert!) gedämmert, dass der bürgerlichen Gesellschaft Gefahr von der Armut drohe. Aber ihm fiel noch nicht ein, was den offenen Verfechtern des bürgerlichen (nicht des feudalen) Konservatismus in den Sinn kam: Jene großen Entdeckungen wieder zu annullieren, welche das klassische bürgerliche Denken im Ringen mit dem Geschichts- und Gesellschaftsprozess angesammelt hatte. Das war das Werk der Schopenhauer, Tocqueville, Burke, A. Müller u.a. Aus Angst nicht nur vor der Armut, sondern überhaupt vor den Massen, sie könnten die Freiheitsversprechungen der bürgerlichen Revolution ernst nehmen, Begehrlichkeiten entwickeln, die über die Grenzen der bürgerlichen Ordnung hinaustrieben und in der Sorge, die bürgerliche Demokratie sei dagegen nicht widerstandsfähig genug, forderten sie die Zurücknahme demokratischer Einrichtungen, die Schaffung eines starken, eher autoritären Staates.

Sowohl das revolutionäre als auch das konservativ bzw. reaktionär gewordene Bürgertum ging bzw. geht davon aus, das, was sie Moderne oder Neuzeit nennen (die bürgerliche, die kapitalistische Gesellschaft) sei aus der Aufklärung hervorgegangen (was ja eine

Teilwahrheit ist). Aber es kam die Angst vor nachdrängenden Kräften. Und man suchte die letzten Ursachen des Prozesses in Geistigem. Dieses wiederum sollte Verursacher der neuen Probleme (Frühkapitalismus) sein, so forderte dieses Bürgertum: „Reform" des Bewusstseins, Preisgabe der Aufklärung. Nietzsche hat geradezu vor der Aufklärung gewarnt: Habe man eigentlich die ungeheure Geschichte vom Anfang der Bibel verstanden, die von der Angst Gottes vor der Aufklärung?

Der Dimensionsbruch

Herbert Marcuse sprach, um eines seiner Bücher zu charakterisieren, vom eindimensionalen Menschen und kritisierte diesen, da er – im Gegensatz zum Menschen der Aufklärung – den Blick in eine zweite Dimension, jene der befreiten Menschheit verloren habe. In eben diesem Sinn möchte auch ich von ein- und zweidimensionalen politischen und philosophischen Konzeptionen sprechen und darunter Folgendes verstehen: Die eindimensionalen Konzeptionen sind dadurch gekennzeichnet, dass sie alles allein unter dem Gesichtspunkt der jeweils bestehenden Realität beurteilen, diese als die einzige oder letzte Entwicklungsstufe ansehen, so, wie manche nach 1989 vom Ende der Geschichte sprachen, als wenn der Kapitalismus das Non-plus-ultra der Geschichte sei. Die zweidimensionalen Konzeptionen halten jedoch die bestehende Realität nur als eine Durchgangsstufe zu einer neuen, die bestehende überwindende Etappe der gesellschaftlichen Entwicklung. Die Aufklärung war in diesem Sinne zweidimensional, untrennbar mit den politischen und sozialen Interessenkämpfen der bürgerlichen Klasse verbunden, und dieses Interesse bestand darin, an die Stelle der alten, der bestehenden, unvernünftig eingerichteten Welt eine solche der Vernunft zu setzen. *„Man hat gesagt, die Französische Revolution sei von der Philosophie ausgegangen, und nicht ohne Grund hat man die Philosophie Weltweisheit genannt ... Solange die Sonne am Firmamente steht und die Planeten um sie herumkreisen war das nicht gesehen worden, dass der Mensch sich auf den Kopf, das ist auf den Gedanken stellt und* *die Wirklichkeit nach diesem erbaut. Anaxagoras hat gesagt, dass der Nous [das bedeutet: die Vernunft] die Welt regiert; nun aber ist der Mensch dazu gekommen zu erkennen, dass der Gedanke die geistige Wirklichkeit regieren solle. Es war dies ein herrlicher Sonnenaufgang. Alle denkenden Wesen haben diese Epoche mitgefeiert. Eine erhabene Rührung hat in jener Zeit geherrscht, ein Enthusiasmus des Geistes hat die Welt durchschauert, als sei es zur wirklichen Versöhnung des Göttlichen mit der Welt nun erst gekommen."* (*Hegel, Philosophie der Geschichte, Stuttgart 1961, S. 592 f*)

Angesichts dessen kann man den Kopf nur darüber schütteln, dass in der Sowjetunion ab Anfang der vierziger Jahre die klassische deutsche Philosophie – ganz im Gegensatz zur Bewertung durch Marx, Engels und Lenin – als feudal-aristokratische Reaktion auf die französische Revolution bezeichnet wurde!

Die große Wende
oder das Konzept der Verteidiger des Kapitalismus

Mit der Revolution in England und Frankreich war die Bourgeoisie an ihr Ziel gelangt, die zweite Dimension erreicht, das – wie Hegel sagte – „Reich der Vernunft" war mit der Französischen, der bürgerlichen Revolution angebrochen, die nicht mehr bürgerliche Revolution von 1830 würdigte er keineswegs. Es war ein Wendepunkt. Eigentlich hätte man sich nun auf das „Faulbett" legen, die Hände verschränken und die Zeit genießen können.

Doch das war gar nicht der Fall. Es war notwendig, den Blick nach vorne, in eine mögliche neue Dimension zu verhindern. Hegel hatte es schon 1821 (in den Paragrafen 244 f seiner Rechtsphilosophie) gedämmert, dass der bürgerlichen Gesellschaft Gefahr von der Armut droht, und er nannte als Gegenmittel polizeiliche Vorsorge und Export der Armen in die Kolonien. Interessant ist, dass Goethe, Schiller, Beethoven, die Großen der künstlerischen Wahrnehmung der Wirklichkeit, da ganz anderer Meinung waren: Schiller und Beethoven wollten, was die Mode, was die gesellschaftlichen Regeln streng geteilt hatten, brüderlich vereint sehen und Goethes Faust, der wollte am Schluss, mit freiem Volk auf freiem Grund stehend, im Gemeindrang die Gefahren abwenden, welche der Menschheit drohen. Warum Kunst im Stande war und ist, im Unterschied zur bürgerlichen Philosophie, Soziologie, Ökonomie, Geschichtstheorie usw. nicht im Aufzeigen von Widersprüchen zu verharren, sondern wenigstens utopisch die Widersprüche aufzuheben, das wäre eine eigene Untersuchung wert. Es hängt meines Erachtens damit zusammen, dass Philosophie – sofern sie an der Realität orientiert bleibt – deren Widersprüche zwar erfasst, die Kunst aber, des ihr notwendig innewohnenden utopischen Moments wegen, über die Realität hinaus drängt.

Varianten der Herangehensweise nach der „Wende"

Die Ideologen – Philosophen, Soziologen, Ökonomen, Historiker – die bewusst oder unbewusst die Interessen der Bourgeoisie verfechten, entwickelten nach dieser „Wende" einige Herangehensweisen, Strategien des Kampfes gegen die Bejahung der Existenz gesellschaftlicher Entwicklungsgesetze oder deren Erkennbarkeit. Auf einige solche Strategien bin ich einleitend bereits eingegangen, dies soll nun ausführlicher geschehen.

Eine erste Strategie:

Die Etappe, die sich der Großen Französischen Revolution anschloss, wurde – von Frankreich ausgehend – als jene verstanden, in welcher die Vernunft sich durchgesetzt hatte, die Welt ihren Prinzipien gemäß gestaltet werde. Es erfolgte die Abkehr von philosophischen, politischen und sozialen Konzeptionen, welche eine bessere als die erkämpfte Ordnung für möglich, für erstrebenswert ansahen. Intellektuelle, die dies wünschten, wurden verächtlich „Ideologen" genannt. Zweidimensionalität schlug um in Eindimensionalität: Das Suchen nach einer besseren als der bestehende Ordnung wurde als Hinterweltlerei verschrien, aber, so die These: eine solche Hinterwelt gibt es nicht. Die Welt ist so, wie ihr sie wahrnehmt, wie die positiven Wissenschaften uns vermitteln. An ihnen muss man sich orientieren, und wenn es offensichtliche

Missstände gibt, muss man diese durch Reformen beheben. Das so, dass eine weitere Revolution weder möglich noch notwendig ist.

Philosophisch wurde diese Eindimensionalität durch den Positivismus ausgedrückt. Diese strategische Konzeption begann mit solchen Gelehrten wie Comte – von ihm stammt das Wort Soziologie – und besagt: Die gesellschaftliche Entwicklung ist mit dem nachrevolutionären, ist im bürgerlichen Zustand zu einem Ende gekommen. Schon damals: Ende der Geschichte! Man könnte geradezu sagen: Die Soziologie ist ihrem Wesen nach als Kontra-Entwurf zur marxistischen Gesellschaftswissenschaft entstanden. Das war sicher am Anfang ihren Begründern nicht bewusst, zumal auch der Marxismus erst in dieser Phase entstand. Grundlegende Tendenzen nicht nur auf gesellschaftlichem Gebiet liegen oft in der Luft, ergeben sich aus untergründigen Strömungen. Hegels Sorge, der bürgerlichen Gesellschaft drohe Gefahr vom Proletariat, Comtes Vorsorge gegen eine weitere Revolution, Schopenhauers Negation gesellschaftswissenschaftlicher Einsichten waren Ausdruck eines solchen In-Der-Luft-Liegens.

Die bedeutenden bürgerlichen Soziologen, etwa Max Weber und Georg Simmel, waren sich ihrer Frontstellung gegen den Marxismus klar bewusst, sie haben diese offen ausgesprochen. Max Weber und Georg Simmel haben – bei Kenntnis der marxistischen Grundposition – ausdrücklich betont, dass sie dem historischen Materialismus eine ideelle Grundlage unterbauen wollten. Weber hat seine Theorie des Ursprungs des Kapitalismus aus dem Geiste des Protestantismus als Gegenkonzeption zur marxistischen Gesellschaftstheorie verstanden und Simmel die Existenz gesetzlicher Entwicklungsgesetze ausdrücklich negiert.

Simmels Werk entstand um die Wende vom 19. zum 20. Jahrhundert, in der Zeit des raschen Wachstums der sozialistischen Arbeiterbewegung, die am Marxismus orientiert war. Simmel kennt Positionen des historischen Materialismus, bestreitet die Existenz der von diesem untersuchten wirtschaftlichen Aspekte nicht, aber er will dem historischen Materialismus eine nicht-materielle Sphäre, eine idealistisch-psychologische unterbauen.

Von Kant ausgehend versteht er historisches Erkennen nicht als Erkenntnis der Wirklichkeit. Denken und Sein stimmten überein, *„weil unser Verstand seine Erkenntnisformen in das Sein hineinlegt…"*. (*G. Simmel, „Die Philosophie des Geldes", S. 21*) Von dort her erlangt der subjektive Faktor die überragende Bedeutung, versteht er unter Ursachen im Geschichtlichen psychische Zusammenhänge. Was man historische Gesetze nenne, seien psychische Zusammenhänge, die mit der Wirklichkeit nichts gemein hätten. Es gebe keine historischen Gesetze. Ideell-Psychisches sei dem historischen Materialismus zugrund zu legen

Simmel setzt sich mit Positionen des Marxismus auseinander (in Werken seiner späteren Zeit ausführlicher als in der hier herangezogenen „Philosophie des Geldes"): Ein paar Bemerkungen zu solcher Kritik:

Zur Arbeitswerttheorie meint er, es sei ein Einwand gegen Marx, auch die Natur hätte einen Wert. Aber der Wert ist bei Marx keine Eigenschaft der Objekte, sondern ein gesellschaftliches Verhältnis, folglich auch nicht der Natur, sondern er ist Ergebnis von Arbeit – und Natur „an sich" ist nicht Arbeit. Sie kann nur Wert enthalten, sofern sie durch Arbeit verändert worden ist.

Simmel meint, der Arbeitswerttheorie fehle das Moment der geistigen Arbeit, Marx reduziere alles auf Muskelarbeit. Auch das trifft nicht zu, denn Arbeit wird von Marx definiert als Verausgabung von Hirn-, Muskel- und Nervenkraft. Dass die Arbeitswerttheorie die unterschiedlichen Niveaus von Arbeit nicht erfassen könne, wie Simmel meint, wird durch Marx' *„Kritik am Gothaer Programm"* widerlegt, in welcher ein Leistungsprinzip enthalten ist und zwischen einfacher, zusammengesetzter und komplizierter Arbeit differenziert wird. Den Unterschied zwischen Arbeit und Arbeitskraft hält Simmel für nur terminologisch. Aber Arbeit ist Ergebnis der in Funktion gesetzten Arbeitskraft. Ein Motor, der nicht im Betrieb ist und ein solcher, der arbeitet, sind nicht im gleichen Zustand. Es macht einen Riesenunterschied, ob es der Arbeiter ist, der seine Arbeitskraft vor dem Abschluss eines Arbeitskontrakts mit einem Unternehmen besitzt, oder ob diese während des Arbeitsprozess in den Besitz des Unternehmers übergegangen ist.

Auch Max Weber hat sich der Kritik am Marxismus verschrieben, auch die von ihm dabei benutzen Verfahren sind uns inzwischen ebenfalls von anderen Autoren bekannt. Max Weber grenzt Naturwissenschaft und Gesellschaftswissenschaft methodisch scharf voneinander ab. Ersterer geht es um allgemeine Gesetze, der zweiten um Einmaligkeit. Da wären wir wieder bei Schopenhauer ankommen. Erstere will Gesetze. Für sie sind die „Gesetze" um so wichtiger und wertvoller, je allgemeingültiger sie sind, hinsichtlich historischer Probleme verschwänden jedoch die konkreten Aspekte im Allgemeinen, würden sie immer inhaltsleerer, wertloser. Je umfangreicher die Geltung eines Gattungsbegriffs, sein Umfang, desto mehr führt er von der Fülle der Wirklichkeit ab. Und da es um diese „Fülle" gehen müsse und dieses durch Verallgemeinerung verloren gehe, müsse man die materialistische Geschichts- und Gesellschaftstheorie verwerfen. (*M. Weber, Die Objektivität sozialwissenschaftlicher Erkenntnis, in „Soziologie", S. 222*) Weber wendet sich durchaus gegen Positivismus, psychologischen Intuitionismus, gegen Simmels „Einfühlung" und Theodor Lipps „unmittelbarem Erleben", ebenso gegen Diltheys, ästhetische Intuition, gegen Croce und andre. Er verlangt die Verbindung von Kausalität und Verstehen. Verstehen aber ist eine Handlung interpretierende Hypothese. „Nicht die 'sachlichen' Zusammenhänge der 'Dinge' sondern die *gedanklichen* Zusammenhänge der *Probleme* liegen den Arbeitsgebieten der Wissenschaften zugrunde ..." (*ebenda, . 206f*). Da ist der ganze Aufwand von Webers Kritik an idealistischen Positionen wie weggewischt, denn was anderes als Idealismus wird uns hier geboten?! Immer wieder Schopenhauer: Das Einzelindividuum sei die unterstes Einheit, das Atom der Soziologie, der einzige Träger sinnhaften Verhaltens. Staat, Genossenschaft, Feudalismus u. ä. seien für die Soziologie Kategorien zur Kennzeichnung der Arten des Zusammenhandelns, ausnahmslos auf das Handeln der beteiligten Einzelmenschen zu reduzieren.

Zentral für Weber ist dann die Konzeption des Ideal-
typus. Dies sind gedankliche Bilder, z. B. seien die ökonomischen Kategorien solche. Sie würden nicht durch
Durchschnittsbildungen, sondern durch „utopische
Rationalisierung der Wirklichkeit, durch die Steigerung
dieses oder jenes Gesichtspunktes, durch den Zu-
sammenschluss diffuser und diskreter Einzelaspekte um
ein solches Gedankenbild, das weder wahr noch falsch
sei, eine Art Grenzbegriff zum Verstehen des Sozialen."
Viele Worte um eine letztlich nicht wirklich definierte
und definierbare Kategorie, also um etwas, das keine (!)
Kategorie ist.

Etwas näher ist auf Karl Popper einzugehen. Er lehnte
die Bezeichnung Positivismus für seine Theorie ab, doch
stimmte sie in allen wesentlichen Punkten mit dem
Positivismus überein. Er meinte – wie auch andere –
wenn es gesellschaftliche Gesetze gäbe und versucht werde, gesellschaftliche Verhältnisse gemäß solcher Gesetze zu gestalten, so würde man damit die Freiheit des Menschen beseitigen und ein totalitäres Regime errichten
(„Das Elend des Historismus"). Dabei ist beispielsweise
der Faschismus gerade aus einer Gesellschaftsordnung
hervorgegangen, welche die unternehmerische Freiheit,
die Negierung gesellschaftliche Gesetze zum höchsten
wissenschaftlichen Gut erklärte. Und die Nazis haben
jene mit allen Mitteln bekämpft, die davon ausgehen,
dass sich die Gesellschaft letztlich doch nachgewiesen,
vom Willen und Bewusstsein der Menschen unabhängi-
gen Gesetzen entwickele. Zu allem Überfluss hat der-
selbe Karl Popper eine zweibändige Geschichtstheorie
(„Die offene Gesellschaft und ihre Feinde") geschrieben,
die – im Widerspruch zu seiner eigenen Theorie – nur
möglich ist, wenn man gewisse geschichtliche Entwicklungsgesetze annimmt.

Popper meint, er hätte eine wichtige Auffassung von
wissenschaftlicher Arbeit gefunden und davon ausgehend
das Mittel zur Unterscheidung von Wissenschaft und
Scheinwissenschaft entdeckt: Man soll immer mit der
Möglichkeit rechnen, dass eine wissenschaftliche Hypothese oder Theorie widerlegt werden kann (was natürlich nötig ist). Dies sei das Falsifikationsverfahren (in
seiner „Logik der Forschung"), das der Widerlegbarkeit.

Und er führt ein Beispiel dafür an. Man hat immer angenommen, alle Schwäne seien weiß und dies dann auch so in einem biologischen Urteil zusammengefasst. Plötzlich aber wurden auch schwarze Schwäne entdeckt, womit das alte Urteil umgestoßen werden musste. Das bedeutet aber doch, dass der Falsifikation die Verifikation vorausgegangen sein muss: Nur wenn ich weiß, was ein Schwan ist, kann ich sagen, ob ein vorgefundener Vogel ein solcher ist oder nicht ist. Falsifikationshuberei ist keine Wissenschaft, sondern beide, Falsifikation und Verifikation sind miteinander verbunden.

In der Politik – so Popper – möge man sich mit kleinen reformerischen Schritten begnügen. Da haben wir das politische Konzept des Positivismus. Der hat sich also bis in unsere Zeit als Marxismus-Kritik erhalten! Wobei die Frage, an welchem Maßstab Mängel und folglich Reformen zu ermitteln seien, woran sie sich zu orientieren hätten, auf gesellschaftliche Zusammenhänge verweist, die Popper jedoch ausklammert. So bleibt verborgen: Sein Reformismus ist ein solcher auf dem Boden des bestehenden, des kapitalistischen Systems.

Popper meint, über solche Fragen möge man sich im „herrschaftsfreien" Gespräch wie unter Wissenschaftlern verständigen. Er hat dabei allerdings übersehen, dass selbst wenn Fachwissenschaftler streiten – etwa in der Physik – es keinesfalls so „herrschaftsfrei" zugeht, da gibt es persönliche Interessen und Rivalitäten. Bei diesem Argumentieren geht es auch um die Möglichkeit, an „Staatsknete" heranzukommen. Und folglich gibt es Konkurrenzkampf auch unter den Wissenschaftlern. Und um wie viel mehr gilt das für die sog. normale Gesellschaft. Wie soll es einen „herrschaftsfreien" Dialog zwischen Gewerkschaft und Unternehmer beim Kampf um Lohntarife geben? Das ganze ist nur ein Eiapopeia im Dienste der Herrschenden und Ausbeuter – deshalb auch wurde Popper von der britischen Krone geadelt.

Eine zweite Strategie war und ist der naturwissenschaftliche Materialismus

„Die Mängel des abstrakt-naturwissenschaftlichen Materialismus, der den Geschichtsprozess ausschließt, ersieht man schon aus den abstrakten und

ideologischen Vorstellungen seiner Wortführer, sobald sie sich über ihre Spezialität hinauswagen." (K. Marx „Das Kapital" Band 1, S. 393)

Bevor ich auf ihn im Einzelnen und entsprechend seiner Entwicklungsetappen eingehe, seien einige grundsätzliche Bemerkungen vorausgeschickt.

Erstens: Der naturwissenschaftliche Materialismus ist im Wesentlichen das Werk von Naturwissenschaftlern. So war z.B. der erste naturwissenschaftliche Materialismus in Deutschland während des neunzehnten Jahrhunderts das Werk von Medizinern. Praktizierende Naturwissenschaftler informieren über ihr Fach, oft in populärwissenschaftlichen Arbeiten, leisten also wichtige volksbildlerische Arbeit! In diesem Zusammenhang ziehen sie philosophische Konsequenzen. Ob sie bei ihrer philosophischen Konsequenzenzieherei auch immer den Unterschied zwischen philosophischer und fachwissenschaftlicher Arbeitsweise und Materie berücksichtigen, steht auf einem anderen Blatt. Die Nichtberücksichtigung dieses Unterschieds führt dann aber oft zu gravierenden philosophischen Fehlern.

Zweitens: Der naturwissenschaftliche Materialismus ist in aller Regel bewusst oder unbewusst im Gegensatz zur marxistischen Naturphilosophie entstanden. Das hat seinen Grund darin, dass er eine bürgerliche Konzeption ist. In Abhängigkeit von der gesellschaftlichen Position, die das Bürgertum in den verschiedenen Etappen der kapitalistischen Entwicklung einnimmt, sind die politischen Konsequenzen dieser bürgerliche Philosophie durchaus unterschiedlich. Andere in der Periode des Kapitalismus der freien Konkurrenz (da orientiert er auf Demokratie, Parlamentarismus) und wieder andere in der imperialistischen Periode, wobei die Übergänge fließend sind. In der imperialistischen Periode gibt es nicht wenige Fälle, da aus dem naturwissenschaftlichen Materialismus äußerst reaktionäre, teils sogar barbarische Konsequenzen gezogen werden.

Drittens solche Gefahren ergeben sich aus der Nichtbeachtung des Unterschieds des naturwissenschaftlichen zum dialektischen Materialismus. Es geht um die Ausklammerung gesellschaftswissenschaftlicher

Gesetzmäßigkeiten. Darum wird versucht, gesellschaftliche Probleme mittels naturwissenschaftlicher, oft missdeuteter naturwissenschaftlicher Positionen, etwa sozialdarwinistischer Art anzugehen. Darin steckt die Gefahr des Übergangs auf barbarische Positionen.

Insgesamt aber ist der naturwissenschaftliche Materialismus oft ein wirksamer Verbündeter im Kampf gegen religiösen Aberglauben. Die unter anderen besten Widerlegungen jener Pseudokonzeptionen von einem intelligenten Designer stammen aus den Federn von Naturwissenschaftlern, obwohl diese auch wiederum, wie etwa Julian Huxley, zu ausgesprochen reaktionäre Position geraten.

Einiges aus der Geschichte des naturwissenschaftlichen Materialismus

In Deutschland war zur Zeit, da der Positivismus entstand, eine solche Konzeption noch nicht möglich: Die Revolution hatte hier ja nicht stattgefunden und also das illusionäre bürgerliche Reich der Vernunft noch nicht gegründet. Im Gegenteil: Die bürgerliche Revolution von 1848/9 endete mit einer Niederlage „Mit besondrer Energie erhoben sich aber nach der idealpolistischen Sturmfluth des Jahres 1848 mit den ersten Zeichen der entschiednen Ebbe die *materiellen Interessen.*" (*F. A. Lange, Geschichte des Materialismus, ohne Jahresangabe, Band 2/86*).

„Es ist gewiss kein Zufall, dass es fast durchweg Naturforscher waren, welche die Erneuerung der materialistischen Weltanschauung in Deutschland herbeigeführt haben. Es ist eben so wenig ein Zufall, dass nach allen 'Widerlegungen' des Materialismus gegenwärtig mehr als je populär-naturwissenschaftliche Bücher und Aufsätze in Zeitschriften erscheinen, welche so ruhig von materialistischen Anschauungen ausgehen, als ob die Sache längst abgemacht wäre. Die ganze Erscheinung erklärt sich aus unseren obigen Erörterungen schon zur Genüge; denn wenn der Materialismus einzig durch erkenntnistheoretische Kritik beseitigt werden kann, während er im Felde positiver Fragen überall Recht behält ... so lässt sich leicht

voraussehen, dass für die große Masse ... ausschließ-
lich die materialistische Gedankenfolge im Gesichts-
kreise liegt." (ebenda, S. 170)

Also begann in jener Zeit ein fast beispielloser Auf-
schwung der Naturwissenschaften und der industriellen Entwicklung. Das deutsche Bürgertum, politisch
geprügelt und machtlos, in einem zerrissenen Land le-
bend, wollte aber auf die Früchte von Wissenschaft und
Industrie keinesfalls verzichten. Eine revolutionäre
Philosophie, selbst in idealistischer, in hegelscher und
junghegelscher Gestalt, war diesem Bürgertum eher
ein Gräuel als ein ideologisches Panier. Man hatte
durchaus Angst vor der Revolution, die in dieser Philosophie verborgen lag. Mit einem Positivismus fran-
zösischer (oder englischer) Art konnte es aber auch
nichts anfangen, denn zufrieden mit der gesellschaftlichen Lage war man im vielfach gespaltenen Deutschland eben auch nicht. Jedoch eine Geistesströmung,
die sich eng an die Naturwissenschaften anlehnte, sich
mit dieser verband und diese Mixtur als Philosophie
ausgab, die war der bürgerlichen, der kapitalistischen
Entwicklung dienlich.

Sie bemühte sich um den Bezug zur exakten Forschung, ohne zu bemerken, dass auf dem Gebiet der Philosophie Empirie nicht reicht. Exakte Forschung, induk-
tives Sammeln von Fakten, von Erfahrungen genügen
nicht, um allgemein gültige Gesetze zu formulieren. Das
geht nie ohne Theorie, stets muss die Ebene der Empirie
überstiegen werden. Um dazu ein erhellendes Beispiel
aus der Geschichte der Philosophie zu nennen: John Lok-
ke hatte einst formuliert, nichts sei in unserem Verstand,
das nicht zuvor in unseren Sinnen gewesen sei (*Nihil est
in intellctu, quod non prius fuerit in sensu*). Leibniz ent-
gegnete: *nisi intellectu ipse* (Außer unserem Verstande
selbst). Denn wie sollte etwas in unseren Verstand hin-
eingelangen, wenn es den nicht schon gäbe? Darüber,
wie diese Verstandes- und Vernunftmittel in unserem
Bewusstsein entstanden sind, kann hier nicht verhan-
delt werden, es ist dies immerhin eine der zentralen
Diskussionsfragen der gesamten Geschichte der Erkenntnistheorie. Die Ebene der exakten Forschung reicht zur
Klärung philosophischer Grundfragen nicht aus.

Jedenfalls brach die Zeit eines spezifischen naturwissenschaftlichen Materialismus an.

Es handelt sich um eine sich an den Interessen des Bürgertums orientierende Konzeption. Insofern führt sie eine Art Zweifrontenkrieg, freilich mit unterschiedlicher Konsequenz und Intensität: Einerseits geht der Stoß gegen feudale Überreste und deren ideologisch-politischen Überbau in Gestalt der Kirche und der Religion. Andererseits geht es aber auch um eine Distanzierung, sogar um den Kampf gegen die aufkommende marxistisch orientierte Arbeiterbewegung. Dies bewirkt die Herausbildung eines janusköpfigen Konzepts. Blickt das eine nach vorwärts, so das andere nach rückwärts, enthält die Konzeption fortschrittliche Elemente, so aber auch reaktionäre. War sie volksbildnerisch aktiv, eine religionskritische Waffe gegen feudale Relikte, fiel sie doch hinter das Niveau von Kant und Feuerbach zurück. Man trat für Reformen und Parlamentarismus ein, stellte sich aber gegen revolutionäre Umgestaltung, stand an der Seite der kleinbürgerlichen Opposition. Vogt (ein politisch aktiver naturwissenschaftlicher Materialist) war aktiv tätig in der Paulskirche, intrigierte jedoch gegen den Kommunistenbund, landete schließlich auf der Gehaltsliste Napoleons III. Für diesen Materialismus war Dialektik Spekulation. Er machte keinen Unterschied zwischen Philosophie und Naturwissenschaft. Erkenntnistheoretisch erhob er sich nicht über die induktiven Methoden, war er unhistorisch.

Kern war einerseits die Zerstörung des Marx'schen Materialismus: *„Mit dem Atheismus verliert der Sozialismus seine Spitze, sein Dach, wie mit dem Materialismus seine Basis, sein Fundament." (Hermann Cohen in F. A. Lange, „Geschichte des Materialismus" 1902, I/527)* Es sei zu vermeiden, *„ ... dass die Reformbestrebungen für Recht und Staat auf die schiefe Ebene der Revolution hinüberleiten." (ebenda, S. 528)*

Mit Schopenhauer war das wichtige strategische Konzept nachrevolutionären Denkens über den Geschichts- und Gesellschaftsprozess gefunden. Es bedeutete in seiner konkreten Anwendung: Was immer es an neuen Einsichten auf dem Gebiete der Naturwissenschaften gab, es musste versucht werden, mit Hilfe von Analogien statt wirklicher Beweise das Gesellschaftsleben auf solche Einsichten zu reduzieren.

Außer der Reduktion gesellschaftlicher und geschichtlicher Prozesse auf Naturwissenschaft finden wir auch die Methode, mittels Naturwissenschaft den Marxismus direkt ad absurdum zu führen. Um die Wende vom 19. zum 20. Jahrhundert wurde entdeckt, dass Masse und Energie – zwei *Eigenschaften* von Materie – ineinander umwandelbar sind. Unter Missachtung des ontologischen Unterschieds beider: Eine real existierende *Eigenschaft* von Materie wird mit einem Begriff (denn Matcric ist nicht reale Eigenschaft, sondern ein Begriff zur Bezeichnung der objektiven, außerhalb und unabhängig von unserem Bewusstsein existierenden und uns in unseren Erkenntnismitteln gegebenen Realität), verwechselt. Und dann wird „gefolgert": Die Materie ist verschwunden. Das bedeutete auch, den Unterschied zwischen philosophischem und fachwissenschaftlichem Arbeiten zu ignorieren! Und wenn die Materie verschwunden ist, so auch der Materialismus! So einfach geht das.

Ein weiteres Beispiel: Als man, beginnend eben zur gleichen Zeit, immer tiefer in den mikroatomaren Raum eindrang, wurden Eigenschaften entdeckt, die es so im makroatomaren Bereich nicht gibt. Dort gibt es beispielsweise keine Kausalität wie im makrophysikalischen Bereich. Doch statt zu klären, wie Kausalität dort wirkt, welche Veränderungen Naturgesetze dort erfahren, wurde „gefolgert": Es gibt keine Kausalität. Und wenn es sie in den untersten Grundlagen des Physikalischen nicht gibt, dann kann es sie doch auch da nicht geben, wo sich alles letztlich aus solchen Grundlagen aufbaut. Also ist eine wissenschaftliche Gesellschaftstheorie ein Widerspruch zu grundlegenden Naturgesetzen.

Auf gleiche Weise wurde aus den dialektischen Widersprüchen des subatomaren Bereichs agnostische „Konsequenzen" gezogen, denn solche Widersprüche dürfe es nicht geben, werden wir dennoch mit ihnen konfrontiert, so zeigt dies, dass unserer Erkenntnis unüberschreitbare Grenzen gesetzt sind.

Darwin wurde nicht nur im Sinne des sozial-darwinistischen Verfahrens missbraucht, sondern auch bekämpft, indem man seine Erkenntnisse mit der äußerst komplizierten Qualität lebender Wesen konfrontierte und „folgerte", es müsse ein „intelligenter Designer", also ein irgendwie göttliches Wesen dies alles ins Leben gerufen haben.

Es wird nicht behauptet, dass Naturwissenschaftler generell solche Positionen bezogen haben. Einstein beispielsweise hat energisch widersprochen, wenn von akausalen Zuständen des Materiellen die Rede war, und sicher waren, bzw. sind sich alle Naturwissenschaftler darüber einig, dass es außerhalb ihres Bewusstseins eine zu erforschende objektive Realität gibt, sonst würden sie ja ihr „Handwerk" nicht betreiben. Und ohne davon auszugehen, dass es in der Realität gesetzmäßig zugeht und man diesen Gesetzen auf die Spur kommen kann, wäre ihr Wirken, wäre ihr Handeln doch als widersinnig zu deuten. Sobald manche Naturwissenschaftler aber ihr unmittelbares Fachgebiet verlassen, sobald sie sich auf das weltanschauliche Terrain begeben, kommt es vor, dass sie so argumentieren (ich habe das bei Manfred Eigen, einem mit dem Nobelpreis ausgestatteten wesentlichen Entdecker auf dem Gebiet der Bio-Chemie selbst gehört): Meine Entdeckungen stehen dann nicht im Widerspruch mit der Religion, wenn ich davon ausgehe, dass die von mir aufgefundenen Gesetze ursprünglich durch Gott erschaffen worden sind.Da wären wir dann gehalten, uns mit der Frage der Existenz oder Nicht-Existenz Gottes zu befassen, was hier nun nicht erfolgen soll.

„Reine" Philosophen, Gesellschaftswissenschaftler, Naturwissenschaftler geben also zu, dass es objektive Gesetze in der Natur, nicht aber in der Gesellschaft gibt, weil dort wo eine nicht überschaubare Masse von Individuen, jedes von eigenen Interessen, Planungen, Überlegungen gesteuert, handelt, sich so etwas wie eine allgemeine Entwicklungsrichtung nicht herausbilden kann. Nun, zu dieser Frage wurde bereits zu Beginn dieses Beitrags argumentiert.

Eine Reihe bedeutender Entdeckungen bzw. Theorien (oder Hypothesen) im Bereich der Physik, Chemie und Mathematik gestatten nunmehr auch, diese Kritik, statt sie allein aufs „Biologische" zu begründen, auch von der Physik, der Chemie und Mathematik her aufzubauen. Zu nennen sind hier die Chaos- bzw. Katastrophentheorie, die Theorien der dissipativen Strukturen, der Selbstorganisation, der Autopoiese u. a. Da diese neuen Konzeptionen eindeutige Voraussage künftiger Ereignisse unmöglich machen, wird per analogiam gefolgert, dass dies auch hinsichtlich der Gesellschaft nicht möglich sei, es folglich keine Theorie der Geschichte der Gesellschaft geben könne.

So konzentriert sich Marxismus-Kritik hauptsächlich auf die Theorie der Gesellschaft und ihrer Geschichte, ihres „Endes". Wenn es gelänge, die Existenz oder wenigstens die Erkennbarkeit gesellschaftlicher Gesetze zu bestreiten, so wäre damit auch die Möglichkeit eines wissenschaftlichen Sozialismus negiert. Das genau ist die zentrale Frage des heutigen weltweiten ideologisch-politischen Ringens. Es darf keine Möglichkeit für Gedanken geben, dass es zum Kapitalismus Alternativen geben könnte. Es werden drei fehlerhafte Vorgehensweisen kombiniert:

Erstens das Analogie-Verfahren, das kein Beweis ist..

Zweitens wird dem historischen Materialismus – was gängig ist in dessen bürgerlicher Verfälschung – ein strenger mechanisch deterministischer Gesetzesbegriff angedichtet, der nun tatsächlich dem Gesellschaftsprozess unangemessen wäre.

Drittens wird gerade das – was in idealistischer Kritik an manchem Geschichtsmaterialismus vom historischen Materialismus ja nicht zurückgewiesen, sondern nur in seinen wirklichen, wesentlichen Zusammenhang gerückt wird – hier plötzlich „vergessen": Dass nämlich in der Gesellschaft und damit ihrer Geschichte nicht blinde Agenzien wirken, sondern mit Bewusstsein begabte und von materiellen Interessen geleitete Menschenmassen.

Diese Verfahren genügen Standards wissenschaftlichen Arbeitens nicht.

Zur einfachen Übertragung solcher naturgesetzlichen Erkenntnisse auf die Gesellschaft meinte Hawking: *„Das Studium der fundamentalen Naturgesetze und das des menschlichen Verhaltens gehören in verschiedene*

Kategorien. Aus den grundlegenden Gesetzen lässt sich menschliches Verhalten ... nicht ableiten." (Hawking, S. W., 1993, S. 137) In gleicher Weise lese ich bei Harald Atmanspacher vom Max-Planck-Institut für extraterrestrische Physik in Garching: „Man würde indessen seinen naturwissenschaftlichen Inhalt überstrapazieren, wenn man ihn ohne Umschweife auf Gebiete wie die Psychologie oder Soziologie anwenden wollte." (Frankfurter Rundschau, 5. August 1997, S. 10)

Die Rede war da von dem Komplex, der sich mit Fragen der Emergenz, der Bifurkation, der Chaostheorie usw. befasst. Warum werden solche Konzeptionen hier benannt? Weil sie unmittelbar in das Politische hineinspielen: Folgt aus diesen Konzeptionen nicht, dass Voraussagen über zukünftige Entwicklungen auch sozialer System nicht möglich sind, dass vielmehr an einem solchen Bifurkationspunkt das System schwankt, die alte Ordnung zwar durch eine neue ersetzen will, es aber keineswegs feststeht, welche es „wählen" wird? Bewirkt dies nicht eine Widerlegung der materialistischen Geschichtsauffassung sowie der Auffassung, dass der Sozialismus das auf den Kapitalismus folgende System ist?

Zu warnen ist zwar vor der einfachen Übertragung von Naturgesetzen auf die Gesellschaft. Dennoch: Wo die materialistische Geschichtsauffassung verstanden wurde als Theorie einer unabänderlichen, mechanischen Abfolge von wenigen Gesellschaftsformationen, wo es die Auffassung gab, dass an den Gabelungspunkten immer nur ein von vornherein feststehender einliniger Prozess stattfinden müsse, hat man aus dieser Theorie einen Popanz gemacht, auf den die Kritik zutrifft.

Es ist sicher richtig, dass Theorien, welche grundlegenden physikalischen Gesetzen widersprechen, nicht richtig sein können. Aber die Umkehrung dieser Einsicht muss nicht stimmen. Dass jeder Dackel ein Hund ist, lässt nicht den Umkehrschluss zu, jeder Hund sei ein Dackel.

Höhere Formen von evolutionär entstandenen biologischen bzw. sozialen Systemen haben die Gemeinsamkeit, sich selbst zu reproduzieren. Selbstorganisation ist eine besonders hohe Form der Entwicklung, die aber nur möglich ist, wenn es in einem solchen System zu Änderungen (in der Biologie: zu Mutationen) kommt, sonst wäre Stillstand das sie Kennzeichnende. Diese Änderungen bilden das Material der Evolution. Dabei kommt es zur Konkurrenz von Systemen, die prinzipiell lebensfähig sind. Aber in dieser Konkurrenz setzen sich jene Systeme durch, die mit den gegebenen Bedingungen besser zurecht kommen. Dabei gibt es aber wichtige Unterschiede, auf die bereits Ebeling verwies:

Das „Ausprobieren" anderer Konstruktionsprinzipien durch den lebenden Organismus kennt nicht jenes bewusste Moment, das bei sozialen Systemen wirkt, wenn sie Zielvorstellungen entwickeln, die der optimalen Befriedigung bestimmter Bedürfnisse dienen sollen.

Technische oder soziale Variationen oder Mutationen beginnen im geistigen Bereich, mit Gedankenexperimenten etwa, die auch mit realen Experimenten verbunden sein können. Dies gibt es in dieser Qualität im vormenschlichen Evolutionsprozess nicht.

Im sozialen Bereich beginnt die Selektion von Entwicklungsmöglichkeiten bereits in der Entwurfsphase, erfolgt bereits in dieser Phase eine Bewertung nach theoretischen Maßstäben, Nützlichkeitserwägungen, auch unter ethischem Aspekt, was es bei biologischen Systemen nicht gibt.

Bei diesen Bewertungen im sozialen Bereich kommt kollektives Wissen zur Wirkung, das unter den heutigen Bedingungen immer mehr weltweiten Charakter annimmt, was einerseits die Entwicklung beschleunigt, andererseits die grundsätzliche Falschheit, ja Schädlichkeit der Abkapselung von internationaler Wissensentwicklung für das sich abkapselnde System bedeutet. (Ebeling, E., Erneuerung als Grundmerkmal der Evolution, Deutsche Zeitschrift für Philosophie, Heft 711990, S 671 ff Berlin)

Betrachten wir vor diesen Hintergrund das, was sich 1989 und in den folgenden Jahren abgespielt hat. Gab es da etwa eine Fülle von Wahlmöglichkeiten für die Systeme, die zusammenbrachen? War es wirklich nicht möglich, in diesem Prozess vorauszusehen, was auf den zusammenbrechenden realen Sozialismus folgen würde? In einer ziemlich großen Anzahl von Staaten brach deren Sozialsystem zusammen. Dies trotz teilweise recht unterschiedlicher Bedingungen und recht verschiedener Qualität der handelnden Persönlichkeiten. Überall setzte sich der Kapitalismus durch, erwies sich – wie es Marx und Engels im „Kommunistischen Manifest" schrieben – die Eigentumsfrage als Dreh- und Angelpunkt, wurde der vorherige ideologisch-politische Überbau zerschlagen und ein eindeutiger kapitalistischer geschaffen. Dies zeigt doch, dass auf sozialem Gebiet nicht einfach im Sinn der Bifurkation unvorhersehbare Prozesse ablaufen, sondern dass hier Klassenkräfte aufeinander treffen, ihre Interessen im Kampf durchsetzen, ganz so, wie es die Konzeption der materialistischen Geschichtsauffassung und die Theorie des wissenschaftlichen Sozialismus aussagen.

Der naturwissenschaftliche Materialismus wirkt unter veränderten Bedingungen auch heute in verschiedenen Varianten. Ich nehme jene, welche vorgibt, ein naturalistisches Weltbild zur Grundlage einer säkularen, evolutionär-humanistischen Ethik und Politik zu machen. (vgl. Michael Schmidt-Salomon, Manifest des evolutionären Humanismus, Aschaffenburg 2005) Sie gibt ohne Schwierigkeit ihren Kampf gegen den dialektischen Materialismus, gegen den Marxismus zu erkennen. Die Strategie besteht darin, den Kampf gegen den Marxismus unter die Rubrik des Kampfes gegen die Religion einzuordnen, indem sie den Kommunismus als eine Form von Religion hinstellt.

Worin besteht der eigentliche Kern der Konzeption selbst?

Es sollen Erkenntnisse, oder Mutmaßungen, auch bloße ideologische Annahmen über die Natur benutzt werden, Maßstäbe für Ethik und Politik abzugeben.

Dazu ist zunächst zu sagen, dass die Natur keinerlei Handhaben für die Entwicklung von Ethik und Politik abgibt, die spezifische Arten menschlicher Aktivitäten auf der Grundlage spezifischer gesellschaftlich-historischer Gesetze sind. Die Natur ist weder gut noch böse, diese menschlichen Wertungen haben zur außermenschlichen Natur keinerlei Bezug. Auch hier wird unter „Natur" der missdeutete Darwin herangezogen, seine angebliche Orientierung am Kampf um das Dasein. Dieser diene dann auch als Behandlung gesellschaftlicher Probleme.

Erkenntnistheoretisch haben wir es wieder mit der passiven, induktiven, bloß empirischen Anpassung des Menschen an die Natur zu tun, nicht jedoch mit der Anpassung der Natur an den Menschen durch Arbeit.

Wie auch frühere Formen des naturwissenschaftlichen Materialismus erstrebt auch diese die Verbesserung des Menschen und will auch dazu die Eugenik benutzen. Mit ihrer Hilfe sollen – in Anlehnung an Julian Huxley – die Menschen von Qual und Leid befreit werden können. Als grundlegender Maßstab für eugenische Maßnahmen sollen der IQ und die Vererbung dienen. Nur durch die Orientierung an beiden sei eine humane Gesellschaft erreichbar. Dabei wird ein spezifisches Menschenbild benutzt. Der Mensch sei ein Naturwesen, der überkommene Humanismus löse den Menschen aus der Natur heraus, was eine Trennung von Natur und Kultur bewirke. Zu den Gewährsmännern, auf die sich dieser Evolutionäre Humanismus beruft, gehören etwa Julian Huxley und Peter Sloterdijk sowie Peter Singer. Er formulierte, Menschsein sei an Personsein geknüpft und dies sei das menschliche Lebewesen nicht schon von Geburt an. Diese Qualität komme auch Behinderten nicht ohne Weiteres zu, so dass hier eugenische Maßnahmen ansetzen könnten, um von noch Schlimmerem nicht zu reden. Und schließlich kommt er, unter dem Motto des Kampfes gegen den Fundamentalismus und der Orientierung an der Aufklärung, zur Konvergenz mit der „westlichen Wertegemeinschaft" und deren „Kampf der Kulturen".

Eine dritte Strategie
Neukantianismus und Lebensphilosophie als Abwehr- und Angriffs-Konzeptionen

Wie beim naturwissenschaftlichen Materialismus ist auch beim Neukantianismus eine Vorbemerkung nötig. Ich behandle ihn hier nur unter dem Gesichtspunkt seiner Marxismus-, seiner Kritik an der Gesellschaftstheorie als Wissenschaft. Nicht bestritten werden sollen seine Leistungen auf verschiedenen anderen Gebieten, etwa dem der Erkenntnistheorie (z. B. nenne ich hier nur das Werk Ernst Cassirers).

Ab den sechziger Jahren des 19. Jahrhunderts kommt es zu einer raschen Stärkung der sozialistischen Arbeiterbewegung und damit wurden die „Anforderungen" an die bürgerlichen Ideologen, diese Arbeiterbewegung zu bekämpfen, sie zu integrieren, unschädlich zu machen, komplizierter. Mit dem mechanischen, dem naturwissenschaftlichen Materialismus konnte diesen „Anforderungen" nicht mehr gedient werden.

Erstens wegen des philosophischen Niveaus der Arbeiterbewegung, das sich ja von Kant, Fichte, Hegel und Feuerbach herleitete, dem der naturwissenschaftliche Materialismus nicht gewachsen war.

Zweitens weil er fälschlicherweise von der Mechanik, von der Physik als Leitwissenschaft ausgehend, zwar deren Gesetze einfach auf die Gesellschaft anwandte, immerhin aber noch materialistisch war. Aber genau dies durfte nicht hingenommen werden, da war die mögliche Brücke zum dialektischen Materialismus nicht völlig abgebrochen und einige sind ja auch über diese Brücke zumindest in die Nähe des Marxismus gelangt. Vor allem aber: Der „Leitfaden zum Studium der Geschichte" lag seit der Mitte der vierziger Jahre vor und wurde ständig weiter entwickelt. Doch er befand sich in den Händen der Sozialisten. Aus gutem Grund: Ich erinnere an das Bild von der Ein- bzw. Zweidimensionalität: Das bürgerliche Denken war, gleichgültig, in welcher Art, eindimensional geworden, konnte eine zweite Dimension, eine Welt nach oder hinter dem Kapitalismus nicht akzeptieren, die jedoch durch den Marx'schen „Leitfaden" zumindest als historisch-gesellschaftlicher Horizont aufschien. Dies musste sowohl materiell als auch ideologisch aus der Welt geschafft werden. Und dies zu besorgen war nun die Aufgabe einer bürgerlichen Philosophie/Ideologie, die nicht mehr die Physik, die Mechanik, objektive Gesetze der Natur als Orientierungs-Ideologie gebrauchen konnte. Die Physik wurde durch die Biologie als Leitwissenschaft ersetzt – genauer: Es wurde der Eindruck erweckt, man orientiere sich an der Biologie, am Leben, das freilich in dieser Ideologie nie definiert wurde. Konkurrenzgesetze des Kapitalismus wurden als angebliche Naturgesetze ausgegeben! Sie wurden teilweise mittels missbräuchlicher Benutzung, mittels Umdeutung biologischer Termini dargestellt. An die Stelle der Darwinschen Selektionskonzeption trat der "Kampf ums Dasein". Den gab es bei Darwin gar nicht. Sein Selektionsprinzip besagte nur, jene Lebewesen, denen die Anpassung an ihre biotische oder abiotische Umwelt besser gelinge, würden in ihrer Fortpflanzung prämiert.

Neukantianismus und Lebensphilosophie sind im Zusammenhang zu behandeln, weil die Lebensphilosophie (in Deutschland) aus dem Neukantianismus herauswuchs. Beide entwickelten Strategien gegen die Gesellschaftswissenschaft. Dazu erarbeiteten sie zwei Verfahren. Das erste wird von Windelband beschrieben. Kant zu verstehen heiße, über ihn hinauszugehen, dies suggeriert Höherentwicklung. Doch ist zu fragen:

Findet eine solche wirklich statt? Was es tatsächlich gibt, ist die grundlegende Revision der Kant'schen Konzeption vom „Ding an sich".

Schon vor dem Neukantianismus, durch Schopenhauer, wird die Methode entwickelt, die den gesamten Neukantianismus kennzeichnet, Kants „Ding an sich" irgendwie von seinem materialistischen Charakter zu befreien. Neukantianismus ist Kritik an Kant von rechts, Entmaterialisierung des „Dings an sich". Bei Schopenhauer wurde es zu einem metaphysischen „Willen". Und bei Rickert wird alles Sein zum Bewusstsein: Alles Seelenleben umfasst die gesamte Welt; wenn wir es Bewusstsein nennen, so muss man sagen, dass alles „Sein" „Bewusstseinsinhalt" ist. (*Rickert, H., Die Grenzen der naturwissenschaftlichen Begriffsbildung. Tübingen 1902, S. 3)* Also auch das „Ding an sich" ist nur Bewusstsein. Das zieht sich auf die eine oder andere Weise durch das Werk aller Neukantianer. Es geht um die Zurückweisung des Materialismus, dies ist des Pudels Kern!

Dies verbindet Neukantianismus und Lebensphilosophie: Das „Bewusstsein wird nun „materialistisch" getarnt, indem von „Leben" gesprochen wird, womit den philosophischen Laien der Eindruck erweckt wird, man wende sich vom Mystisch-Inneren der Wirklichkeit zu.

Dilthey: *„Leben ist nun die Grundtatsache, die den Ausgangspunkt der Philosophie bilden muss."*

(*„Der Aufbau der geschichtlichen Welt in den Geisteswissenschaften, 1927, S. 261*)

Hier gleich der idealistische Pferdefuß dieser angeblichen Philosophie des Lebens: Jedes äußere Ding ist mir nur im Bewusstsein gegeben, die Trennung von Selbst und Objekt gebe es nur als Bewusstseinsakt. Objekt und Subjekt seien geistiger Natur. Leben sei Wechselwirkung zwischen Individuen. Die aber sind nur geistige Wesen! Im Unterschied zur Natur, zu welcher wir objektive Zugänge hätten, seien uns die Tatsachen der Gesellschaft nur von innen verständlich. Die für die Erkenntnis des Objektiven in der Naturwissenschaft benutzten Verfahren seien für die Erkenntnis des Lebens untauglich: Die Natur sei das Reich der Notwendigkeit, die Geschichte das des freien Willens. Hier sei nur das „Verstehen" als Erkenntnismittel zulässig und dies beruhe stets auf Intuition. Auf gleiche Weise argumentierte Windelband: *„...die Erfahrungswissenschaften suchen in der Erkenntnis des Wirklichen entweder das Allgemeine in der Form des Naturgesetzes oder das Einzelne in der geschichtlich bestimmten Gestalt...Die einen sind Gesetzeswissenschaften, die anderen Ereigniswissenschaften.."* Im ersten Fall haben wir es mit der nomothetischen, im zweiten Fall mit der idiographischen Methode zu tun. Das ist ganz im Sinne des eingeführten Zitats Schopenhauers zu sehen, dass es zum Geschichtlichen keinen Zugang über das Allgemeine, über das Gesetz gebe (*Windelband, W., Geschichte und Naturwissenschaften, in Windelband, Präludien, 2. Band, S. 145*).

Die Wissenschaft sei autonom im Verhältnis zur Philosophie, der Naturwissenschaftler kann die materialistische „Metaphysik" nicht nur ohne Schaden, sondern sogar mit Nutzen für sich verwenden. (*S. 115*). Hier ist die Methode offen dargelegt: Die Naturwissenschaft ist für den Kapitalismus ohne Gefahr, im Gegenteil, er braucht sie für seine technische und industrielle Entwicklung. Jedoch steckt in der Gesellschaftswissenschaft der Teufel! Drum ist das Ja zur Naturwissenschaft zu ergänzen durch das Nein zur Gesellschaftswissenschaft.

Rickert ordnet die Naturwissenschaft der Geschichte unter. Begründung wie bei Schopenhauer: Es existiert nur das Einzelne, Einmalige, Individuelle. („*Grenzen...* ", S. 251) Hauptaufgabe sei Analyse der Werte, die uns leiten, diese aber sind etwas völlig Unabhängiges vom Sein und auch vom Subjekt! Sie hätten eine transzendentale Natur, seien der empirischen Erforschung unzugänglich, ein Reich für sich jenseits von Objekt und Subjekt. Damit kann man dann politisch alles „begründen", folgt eben alles aus „Werten". Und zum Marxismus: „*Selbst wenn es richtig wäre, dass alle geschichtlichen Bewegungen von 'materiellen' Interessen bestimmt sind, d. h. von dem Streben nach den Dingen, durch welche das körperliche Dasein erhalten und gefördert wird, so sind doch die auf die 'materiellen Güter' gerichteten Bestrebungen selbst immer Willkürakte, also psychische Vorgänge, und von ihnen wird auch die materialistische Geschichtsschreibung handeln müssen.* " *(„Grenzen ... ", S. 531).* Auf das Problem, dass solche „Willkürakte" auf materiell-gesellschaftliche Grundlagen beruhen, in sie „eingebettet" sind, kommen solche „tief" schürfenden Denker erst gar nicht. Sie „merken" nicht, dass sie gesellschaftliche Interessen gegen individuelle austauschen, und erfassen nicht, dass diese Interessen sich aus ökonomischen Verhältnissen ergeben.

Sozialdarwinismus

Dies war aber nur die eine, die Verteidigungsaufgabe. Daneben entwickelte sich, je länger desto mehr und entschiedener, eine Angriffsaufgabe. Sie ergab sich aus der neuen Entwicklungsetappe des Kapitalismus: der imperialistischen. Nötig war und wurde jetzt eine Orientierungsideologie, die sowohl der Herstellung von „Ruhe und Ordnung", von Frieden im Hinterland als Bedingung der Möglichkeit von Aggression nach außen dienen konnte. Dies wurde durch die sich nun, seit Nietzsche, Dilthey und anderen, entwickelnde Lebensphilosophie in Angriff genommen. Wegen „biologischer" oder Lebens-Orientierung konnte sie eine Art Zwittercharakter vortäuschen: Obwohl im Kern philosophischidealistischer Art gab sie sich als naturbedingt, als „materialistisch" aus! Denn was soll für den sogenannten Normalmenschen „materialistischer" sein als die Natur?

Es bleibt also bei dem strategischen Konzept, neue naturwissenschaftliche Erkenntnisse oder Hypothesen mittels Analogie, also nicht mittels klarer Beweise, auf den Geschichts- und Gesellschaftsprozess zu übertragen. Aber auf Schopenhauer folgten entsprechend der anti-mechanistischen, anti-physikalischen Einstellung schon durch Nietzsche die Missdeutung von Darwins biologischen Einsichten in den „Sozialdarwinismus". Dies finden wir auch in gegenwärtiger Marxismuskritik. Durch Konrad Lorenz wurden ethologische Einsichten ebenso auf die Menschheit übertragen, wie nach Wilson Einsichten der Insektenforschung und im Gefolge der Genetik durch ihn, Dawkins u. a. in geradezu abenteuerlicher Weise eine genetische Determination des Menschen in die Welt gesetzt. Allerdings hat sich Dawkins in seinem Neuen Buch „Der Gotteswahn" von dieser Deutung abgesetzt, sie sei auf eine falsche Lesart seiner These zurückzuführen, was er bedauere.

Dieser Sozialdarwinismus ist geradezu von strategischer Bedeutung. Er ist eine sozialpsychologische, sozialpolitische, außenpolitische Konzeption. Seine Grund-„Gedanken" sind:

Der Kosmos ist in ewiger Entwicklung. Dies folgerte er aus den evolutionären Naturwissenschaften, also insbesondere aus der pseudobiologischen Deutung des Darwinismus. Er unterstellte Darwins Selektionskonzeption Ansichten einer möglichen Verbesserung der menschlichen Rasse, was zu einem ganzen Konglomerat von Positionen führen sollte, die allesamt dem Imperialismus dienlich waren: sie sollten seine Aggressionen, seinen Rassismus, die Eugenik und schließlich die Euthanasie untermauern. Dieser Sozialdarwinismus verwendet zumeist nur Kampfbegriffe, die er als Darwinsche Konzeptionen hinstellt. Es gehe also um den Kampf ums Dasein, um – (beschönigend) wie etwa im heutigen sogenannten Neoliberalismus benannt – Wettbewerb, oder um ein Ringen, um das Überleben der Tüchtigsten usw.

Es muss erwähnt werden, dass solche Absichten beispielsweise über Haeckel und seinen Monistenbund auch in die freidenkerische und in die Arbeiterbewegung hinein wirkten. In seinem weit verbreiteten Werk „Lebenswunder" taucht er auf, der Begriff des „Lebenswerts" (*Haeckel, 1923, S. 291*) und er wird durchaus auch auf Rassen und Staaten angewandt, dieses im Hinblick auf Vervollkommnung der Überlebenden. Tötung Behinderter wird sogar als Akt der Erlösung dieser Menschen von ihrem Übel, als Akt des Mitleidens, fast möchte man christlich sagen: der Barmherzigkeit ausgegeben!

Ausgangspunkt ist zunächst das Individuum, seine „Tauglichkeit" im „Kampf ums Dasein". Tauglichkeit ist gut, auch moralisch gut, im Krieg sind die Tüchtigsten die Aktiven und die Feigen jene, die sich dem Kampf möglichst entziehen (dass dabei aber gerade diese angeblich Tüchtigsten auch am ehesten ausgelöscht werden, also, folgte man dieser Scheinlogik, der Krieg eine negative Auslese bewirkte, wird nicht wahrgenommen).

Danach sei Ziel eine kontinuierliche Verbesserung der Gesellschaft. Sie solle mittels Verbesserung der „biologischen" Basis erreicht werden, durch Ausschluss der „Minderwertigen" von der Fortpflanzung. Die moderne Industrie und Wissenschaft führe – beispielsweise durch die moderne Medizin – zur möglichen Degeneration. Hieran haben einige konservativ-grüne Konzeptionen angeknüpft.

Diese Konzeption verlässt dann den Boden des Individuums und geht über zu sozialen Kollektiven, im Sozialdarwinismus sind das die behaupteten Rassen. Es werden Wert- und Gerechtigkeitsvorstellungen zurechtgebogen und an solchen Bewertungen regelrechte Programme der „Verbesserung" der Individuen, der „biologischen" Basis der Rasse, schließlich auch der Rassenzusammensetzung der Menschheit entwickelt: Eugenik, die auch bezogen wird auf Staaten und Rassen, womit sie direkt ideologische und dann auch praktische Waffe des Imperialismus wird. Ihre schlimmsten Auswirkungen hatte sie in den Nazi-Methoden der Euthanasie und der industriell betriebenen massenhaften Vernichtung der Juden und sogenannten Zigeuner.

Bei aller inzwischen erfolgten Abwendung von den barbarischsten Formen dieser Ideologie und Praxis wirken Grundideen des Sozialdarwinismus weiterhin, etwa in den menschenmodelnden Ansichten des australischen Philosophen Singer.

Zu einer vierten Strategie

Ich trenne diese von den anderen ab, weil sie völlig vom Materiellen ablenkt auf Ethik und Moral, auf Voluntarismus. Sie wird von den Kirchen verbreitet. Ihre Geburtsstunde schlug mit der Enzyklika rerum novarum im Jahre 1891. Es war dies die Zeit des stürmischen Wachstums der sozialistischen Arbeiterbewegung, und dazu meldete sich der Papst mit verdammenden Worten zur Stelle. Er „verdammte" zunächst den Kapitalismus als „Materialismus", ein typisch pfäffisches terminologisches Verwirrspiel, das Gier nach Reichtum und Macht als Materialismus hinstellt und so tut, als sei damit die materialistische Philosophie widerlegt. Aber diese „Verdammnis" des Kapitalismus wird an zwei Bedingungen geknüpft. Es muss zumindest auf gleiche Weise der Sozialismus verdammt werden und zweitens darf der moralischen Verurteilung des Kapitalismus keine Handlungsanweisung beigefügt werden, wie man das Raubystem loswerden kann. Da beide, Kapitalismus und Sozialismus gleich schlecht sind, bleibt alles so, wie es ist; eine schöne Kapitalismus-Kritik.

Da dies insgesamt jedoch nicht hinreicht, dem Sozialismus das Wasser abzugraben, wurde eine famose Konzeption ausgetüftelt, die eigentlich nur die Wiederbelebung einer bereits im „Kommunistischen Manifest" auseinander genommenen Konzeption ist: Zurück zum kleinen Eigentum vor dem Kapitalismus hieß es damals, und Marx und Engels verspotteten diese reaktionäre Konzeption, die ohnehin völlig illusionär war. Heute heißt sie: Gebt den Arbeiterinnen und Arbeitern eine Volksaktie in die Hand, macht sie alle zu kleinen Kapitalisten und dann ist Systemkritik erledigt. Es kann allerdings passieren, dass so ein Aktionär bei Siemens, VW oder sonst wo arbeitslos auf die Straße fliegt, dann haben wir arbeitslose und einkommenslose Aktionäre. Das wäre ein Unterschied zu anderen arbeitslosen Aktionären, die nicht erwerbslos sind!

Hinzu kommt, dass diese Fülle kleiner Aktien bei Banken liegen würde, von diesen im Depotstimmrecht, also bankentypisch, d. h. kapitalistisch genutzt werden würden. Aber der Volksaktionär Müller von VW-Wolfsburg kann sich natürlich bei der Werksleitung melden und fordern, dass man ihm das Stück vom VW-Werk, das ihm gemäß seiner Aktie gehört, doch bitte übergibt.Usw. usf.

Kann man die Hauptthese dieses Textes auch umkehren?

Könnte es nicht genau so sein, dass marxistische Gesellschaftswissenschaft heutzutage nicht möglich ist, ohne auch auf die Forschungs- und Arbeitsergebnisse bzw. Methoden der Fachwissenschaften zu achten?

Angesichts des vielseitigen und vielschichtigen Systems moderner Gesellschaften ist eine selbst nur Teile des Systems erreichende Handhabung nicht ohne erhebliche Elemente rationaler, planender, vorausschauender Art möglich. Ohne demoskopische und statistische Soziologie, ohne die unterschiedlichen Methoden der Meinungsforschung (es ist doch erstaunlich, wie exakt zumeist die Stimmenverteilung bei Wahlen vorher ermittelt werden können – eigentlich bedürfte es danach gar keiner Wahl mehr!), bis ins Detail gehende Planungen etwa bei der Vorratshaltung (man bedenke einmal, welche planerische und organisatorische Leistung nötig ist, um das System von mehreren Tausend Aldi-Märkten reibungslos funktionieren zu lassen), ohne durch die moderne bürgerliche (!) Sozialwissenschaft kann der Kapitalismus nicht funktionieren.

Dass das Gesamtsystem des Kapitalismus nicht rational zu gestalten ist, bedeutet nicht, dass dies auch für Teilbereiche und Teilsysteme der kapitalistischen Gesellschaft gilt. Wirtschaftstheorie und Soziologie beispielsweise ermöglichen wichtige Einsichten, ohne welche Volkswirtschaft, Verkehrswesen usw. nicht funktionsfähig gehalten werden können. Und dass dabei auf

Marx'sche Einsichten zurückgegriffen werden muss, ist den seriöseren unter den Theoretikern auf beiden Gebieten wohl bewusst. Das Problem hier ist erstens der Aspekt des Gesamtzusammenhangs. Marx schrieb einmal (an Kugelmann im Juli 1878): „*Mit der Einsicht in den Zusammenhang stürzt vor dem praktischen Zusammenbruch aller theoretische Glauben in die permanente Notwendigkeit der bestehenden Zustände. Es ist hier also absolutes Interesse der herrschenden Klassen, die gedankenlose Konfusion zu verewigen.*" Heutige bürgerliche Theorie über Wirtschaft und Gesellschaft, die über Teilaspekte, Teilbereiche hinaus gelten soll, muss sich an „Zusammenhängen" orientieren, die – selbst wenn sie Fundamente in der Realität aufweisen – sich der Einsicht in jene Sätze verweigern, die Engels am Grabe von Marx gesprochen hat und die als Motto diesem Aufsatz vorangestellt sind. Sie gliedern sich dann auf die eine oder andere Weise in die Stereotypen des „Endes der Geschichte", des „Scheiterns am Menschen", der „Unwägbarkeiten" des Ganzen, der „Unentrinnbarkeit des Schicksals" usw. usf. ein.

Es wäre nötig zu zeigen, dass nicht nur die im engeren Sinne gesellschaftswissenschaftlichen Bemühungen hier von Bedeutung sind, sondern auch die psychologischen, überhaupt die anthropologischen Forschungen einzubeziehen, dies doch gerade dann, wenn man von der heutigen Konzeption des Menschen als ein biopycho-sozialen Wesens ausgeht. Meines Erachtens liegt hier eines der Probleme vor, das in der Praxis der marxistischen Arbeiterbewegung nicht wenige Schwierigkeiten aufweist!

In der marxistischen Arbeiterbewegung sind – worauf schon der jung Marx in seiner Arbeit „*Zur Kritik der Hegelschen Rechtsphilosophie. Einleitung*" aufmerksam machte – zwei soziale und ideelle Komponenten zu einer Einheit geworden, die soziale in Gestalt der Arbeiterklasse und die Theorie; die eine nannte er das Herz, die andere den Kopf, die man vereinen müsse. Damit verbunden trafen aber auch zwei unterschiedliche Formen der „Sozialisation" der jeweiligen sozialen Träger aufeinander: Die durch die gesamten Lebens- und Arbeitsbedingungen des Proletariats geprägte vorrangig kollektivistische – der einzelne Arbeiter ist dem Kapital gegenüber völlig machtlos, nur im Kollektiv kann er für seine Interessen kämpfen. Und die ebenfalls durch ihre gesamten Lebens- und Arbeitsbedingungen geprägte Intelligenz (in der Arbeiterbewegung). Darin liegen Elemente der Spannung, auch des Konflikts. So ist es zu Tendenzen der Unterschätzung, jeweils der einen Seite von solchen Besonderheiten der anderen Seite gekommen, was auch Spaltungsprozessen zugrunde lag und liegt. Hier sind auf der Grundlage teils sehr bitterer Erfahrungen Lehren ideeller, politischer und organisatorischer Art zu ziehen. Meines Erachtens hat die Arbeiterbewegung die erforderlichen Instrumente erarbeitet, die Frage ist nur, ob sie diese auch zutreffend benutzt hat. Ich meine, ob sie imstande war, das Rätesystem mit dem Prinzip des demokratischen Zentralismus organisch zu verbinden, denn beides ermöglicht die Beachtung sowohl der kollektiven als auch der individuellen Wirkungsweisen in organischem Zusammenhang.

Worin besteht das Ergebnis meines Beitrags?

Ich erinnere an den Eingangssatz: Ohne Gesetze keine Wissenschaft. Ohne gesellschaftliche Gesetze keine Gesellschaftswissenschaft.

Wie steht es in dieser Hinsicht mit den hier erörterten Konzeptionen?

1. Alle hier behandelten bürgerlichen Strategien haben das gleiche Ergebnis, das sie, trotz unterschiedlicher Methoden und Argumentationsweisen, anstreben: Sie bestätigen in ihrer „Dogmatik" das Gegenteil dessen, was sie bestreiten wollen, nämlich dass die Existenz und Erkenntnis gesellschaftlicher Gesetze nicht bestritten werden kann. Sie alle sind an dieses Thema gefesselt, von ihm her negativ orientiert.

2. Soweit sie sich auf Natur beziehen, sei es die nicht-belebte oder die belebte, werden nur Gesetze dieser Bereiche akzeptiert und Gesellschaft mittels dieser „erklärt" werden. Damit wird die Existenz gesellschaftlicher Entwicklungsgesetze bestritten, ist also Gesellschaftswissenschaft nicht möglich.

3. Neukantianismus und aus ihm hervorgehende Lebensphilosophie bestreiten die Existenz oder die Möglichkeit der Erkenntnis gesellschaftlicher Entwicklungsgesetze. Also ist auch da Gesellschaftswissenschaft nicht möglich.

4. Soziologie ist dem Wesen nach keine Entwicklungs- sondern eine status-quo-Ideologie, sie hat Methoden erarbeitet, um auf dem Boden des Bestehenden dort vorhandene Gesetzmäßigkeiten des menschlichen Zusammenlebens ausfindig zu machen. Solches Teil-Wissen, solches sich der Erkenntnis des Gesamtzusammenhangs entziehende Wissen kann und soll vom Marxismus beachtet und im Rahmen seiner Theorie wo und wie immer möglich berücksichtigt werden. Aber gesellschaftliche Entwicklungsgesetze werden durch Soziologie nicht ermittelt, also ist Soziologie – im Widerspruch zum eigenen Selbstverständnis – keine Gesellschaftstheorie.

5. Daraus folgt, dass Marxismus, will er auf der Höhe der Zeit sein, sich um das Studium und das Integrieren von Wissen bemühen muss, das die Fachwissenschaften erarbeiten, auch jene, die durchaus ideologischen Charakters sind. Denn aus Falschem folgt Beliebiges, das heißt gegebenenfalls auch Richtiges.

6. Ein besonderes Studium erheischt in diesem Fall die Kunst, die eine andere Art von Welterkenntnis und Weltaneignung ist, darum, sofern sie gesellschaftskritisch ist, nicht bei der Feststellung gesellschaftlicher Widersprüche verharrt, sondern wenigstens in Utopien mögliche Alternativen erarbeitet. Hegel wollte die Geschichte der von der Armut für die bürgerliche Gesellschaft drohenden Gefahr still stellen. Schiller will die durch die Mode, durch die Gesellschaft getrennten Menschen brüderlich vereint sehen und Fausts letzte Vision ist, mit freiem Volk auf freiem Grund stehend, im Gemeindrang der Menschheit drohende Gefahren abzuwenden. Hier geht die klassisch-bürgerliche Literatur über die klassisch-bürgerliche Philosophie hinaus.

Philosophie
und Naturwissenschaft

Warum dieses Thema?

1. Zum allgemeinen Wissen gehört auch einiges über dieses Thema, auf das wir täglich stoßen: „Wissenschaftsseite" in jeder Tageszeitung (Qualität?), Nachrichten, Reportagen. Bespiele: Darwin, intelligenter Designer.
2. Nichtkenntnis der Beziehung zwischen Philosophien und Naturwissenschaft ist oft Fehler in weltanschaulichen und politischen Einstellungen, Handlungen. Ich werde Beispiele behandeln.
3. Naturwissenschaft, Basis für Technik, für Produktion, für unser Leben!
4. Varianten des Technikdeterminismus
5. Bündnis mit WTR-Intelligenz wichtig im gemeinsamen Wirken für Frieden und Abrüstung, Ökologie.

Ich denke, es wäre gut erst einmal generell etwas zum Unterschied von Philosophie und Naturwissenschaft zu sagen. Wie arbeiten Philosophen und wie Naturwissenschaftler? Der Naturwissenschaftler hat es mit Objekten aus der objektiven Realität zu tun. Ihn interessieren beispielsweise Gewicht und Dichtigkeit eines Materials, Schmelzpunkte, Widerstandsfestigkeit usw. Den Philosophen interessiert das alles nicht. Ihm ist es gleichgültig, bei welcher Temperatur Blei fest oder flüssig ist, wie ein Lichtstrahl durch ein Prima fällt. Die Natur- wie jede andere Realwissenschaft auch stellt Material, Mittel zur Verfügung, die der Philosoph in seiner Arbeit beachten oder nutzen muss. Aber diese Mittel, dieses Material hat er nicht erarbeitet. Philosophie, hat Hegel einmal gesagt, ist Denken des Denkens. Analyse des Denkens, der vom Denken in der Realanalyse benutzten oder geschaffenen Begriffe, Theorien, Hypothesen, das sind die Gegenstände der Philosophie. Und es ist nötig, dass sie prüft, sofern sie das kann, ob diese Begriffe, Theorien, Hypothesen auf die Realität „passen".

Ich habe hier einen Sprung gemacht, den man nicht merken konnte, aber das will ich jetzt in Ordnung bringen.

Ich sagte, der Naturwissenschaftler habe es mit Objekten aus der objektiven Realität zu tun. Das stimmt jedoch so nicht. Er nimmt doch diese Objekte aus der Realität heraus, er löst sie aus ihren Zusammenhängen, er macht sie zum Zweck der Untersuchung zurecht, beseitigt störendes Beiwerk usw. Er hat es nicht mit realen, sondern mit idealen Objekten zu tun. In der Sprache der Philosophie: Mit Verstandesdingen. Aber was ist mit dieser Formulierung gemeint?

Warum unterschied Kant zwischen Vernunft und Verstand?

Von Kant ging eine Unterscheidung unserer Erkenntnismittel aus, die über Hegel auch im Marxismus Eingang gefunden hat, die Unterscheidung von Verstand und Vernunft. Zunächst in Kurzfassung bedeutet dies: Verstand beginnt mit der intellektuellen Aneignung von Realität auf die eben geschilderte zurechtmachende Weise. Das ist nur möglich, indem er davon ausgeht, dass sich diese Dinge und die eingesetzten Forschungsmittel (das können auch Theorien, Begriffe sein) im Forschungsprozess nicht verändern. Der Verstand hat es also mit Dingen und Messmitteln zu tun, die stabil, fest sind. Der Gesichtspunkt der Entwicklung dieser Dinge, ihrer Entwicklung, wird ausgeklammert. In der Sprache Hegels, die in diesem Falle auch die des Marxismus ist, werden diese Dinge metaphysisch behandelt.

Die Vernunft ist jedoch jenes Denkvermögen, welches das Sein in seiner Bewegung, Entwicklung und Unerschöpflichkeit zum Thema hat, das ständige Auseinander-Hervor- und Ineinander-Übergehen der Dinge und Erscheinungen. Beide Denkweisen sind erforderlich zur Welterkenntnis. Erfordert die erste Denkweise die Negation der Zusammenhänge des untersuchten Objekts, so stellt die dialektische, die philosophische Denkweise in einer zweiten Negation diese Zusammenhänge wieder her, dies aber nun auf der Grundlage der durch die Verstandesdenkweise ermittelten Kenntnisse von Realität, also der realen Bezüge, der konkreten Raum-Zeit-Verhältnisse, Bewegungsvorgänge usw.

Die klassische Darstellung der beiden Denkweisen erfolgt durch Friedrich Engels (in seiner Broschüre. *„Die Entwicklung des Sozialismus von der Utopie zur*

Wissenschaft"). Dies geschieht in einer so schönen Sprache und von solcher Art, dass nicht nur die Arbeiterin, der Arbeiter, sondern sogar jene Intellektuellen verstehen können, was gemeint ist, die durch häufigen Gebrauch von Fremdwörtern in ihrer Wahrnehmung beeinträchtigt sind!

„Inzwischen war neben und nach der französischen Philosophie des 18. Jahrhunderts die neuere deutsche Philosophie entstanden und hatte in Hegel ihren Abschluss gefunden. Ihr größtes Verdienst war die Wiederaufnahme der Dialektik als der höchsten Form des Denkens. Die alten griechischen Philosophen waren alle geborene naturwüchsige Dialektiker, und der universellste Kopf unter ihnen, Aristoteles, hat auch bereits die wesentlichsten Formen des dialektischen Denkens untersucht. Die neuere Philosophie dagegen, obwohl auch in ihr die Dialektik glänzende Vertreter hatte ... , war... mehr und mehr in der so genannten metaphysischen Denkweise festgefahren... Wir geben kurz das Wesentliche beider Denkmethoden an.

Wenn wir die Natur oder die Menschheitsgeschichte oder unsere geistige Tätigkeit der denkenden Betrachtung unterwerfen, so bietet sich uns zunächst dar das Bild einer unendlichen Verschlingung von Zusammenhängen und Wechselwirkungen, in der nichts bleibt, was, wo und wie es war, sondern alles sich bewegt, sich verändert, wird und vergeht. Wir sehen zunächst aber das Gesamtbild, in dem die Einzelheiten noch mehr oder weniger zurücktreten, achten mehr auf die Bewegung, die Übergänge, die Zusammenhänge, als auf das, was sich bewegt, übergeht und zusammenhängt. Diese ursprüngliche, naive, aber der Sache nach richtige Anschauung von der Welt ist die der alten griechischen Philosophie und ist zuerst klar ausgesprochen von Heraklit: Alles ist und ist auch nicht, denn alles fließt, ist in steter Veränderung, in stetem Werden und Vergehen begriffen. Aber diese Anschauung, so richtig sie auch den allgemeinen Charakter des Gesamtbildes der Erscheinungen erfasst, genügt doch nicht, die Einzelheiten zu erklären, aus denen sich dies Gesamtbild zusammensetzt; und solange wir diese nicht kennen, sind auch übers Gesamtbild nicht klar. Um diese Einzelheiten zu erkennen, müssen wir sie aus ihrem natürlichen oder geschichtlichen Zusammenhang herausnehmen und sie, jede für sich, nach ihrer Beschaffenheit, den besonderen Ursachen und Wirkungen etc. untersuchen. Dies ist zunächst die Aufgabe der Naturwissenschaft und Geschichtsforschung; Untersuchungszweige, die aus sehr guten Gründen bei den Griechen der klassischen Zeit einen untergeordneten Rang einnehmen, weil diese vor allem das Material dafür zusammenschleppen mussten. Erst nachdem der natürliche und geschichtliche Stoff bis auf einen gewissen Grad angesammelt ist, kann die kritische Sichtung, die Vergleichung, beziehungsweise die Einteilung in Klassen, Ordnung und Arten in Angriff genommen werden ... eine wirkliche Naturforschung datiert indes erst aus der zweiten Hälfte des fünfzehnten Jahrhunderts, und von da hat sie mit stets wachsender Geschwindigkeit Fortschritte gemacht. Die Zerlegung der Natur ihrer einzelnen Teile, die Sonderung der verschiedenen Naturvorgänge und Naturgegenstände in bestimmte Klassen, Untersuchung des Inneren der organischen Körper nach ihren mannigfachen anatomischen Gestaltungen war die Grundbedingung der Riesenfortschritte, die die letzten 400 Jahre uns in der Erkenntnis der Natur gebracht. Aber sie hat uns ebenfalls die Gewohnheit hinterlassen, die Naturdinge und Naturvorgängen in ihrer Vereinzelung, außerhalb des großen Gesamtzusammenhangs aufzufassen,; daher nicht in ihrer Bewegung, sondern in ihrem Stillstand; nicht als wesentliche veränderliche, sondern als feste bestand Bestände, nicht in ihrem Leben, sondern ihrem Tod.

Für den Metaphysiker sind die Dinge und ihre Gedankenabbilder, die Begriffe, vereinzelte, eins nach dem anderen und ohne das andre zu betrachtende, feste, starre, ein für allemal gegebene Gegenstände der Untersuchung. Er denkt in lauter unvermittelten Gegensätzen; seine Rede ist ja, ja, nein, nein, was darüber ist, das ist vom Übel. Für ihn existiert ein Ding entweder, oder es existiert nicht: ein Ding kann ebenso wenig zugleich sich selbst und ein andres sein. Positiv und Negativ schließen einander absolut aus; Ursache und Wirkung stehen ebenso in starkem Gegensatz zueinander. Diese Denkweise erscheint uns auf den ersten Blick deswegen äußerst einleuchtend, weil sie diejenige des so genannten gesunden Menschenverstand ist. Allein der gesunde Menschenverstand, ein so respektabler Geselle er auch in dem hausbackenen Gebiet seiner vier Wände ist, erlebt ganz wunderbare Abenteuer, sobald es sich in die weite Welt der Forschung wagt; und die metaphysische Anschauungsweise, auf so weiten, je nach der Natur des Gegenstands ausgedehnten Gebieten sie auch berechtigt und sogar notwendig ist, stößt doch jedes Mal früher oder später auf eine Schranke, jenseits welcher sie einseitig, borniert, abstrakt wird und sich in unlösliche Widersprüche verirrt, weil sie über den einzelnen Dingen deren Zusammenhang, über ihrem Sein ihr Werden und Vergehen, über ihrer Ruhe ihre Bewegung vergisst, weil sie vor lauter Bäumen den Wald nicht sieht. Für alltägliche Fälle wissen wir zum Beispiel und können mit Bestimmtheit sagen, ob ein Tier existiert oder nicht; bei genaueren Untersuchung finden wir aber, dass dies manchmal eine höchst verwickelte Sache ist, wie das die Juristen sehr gut wissen, die sich umsonst abgeplagt haben, eine rationelle Grenze zu entdecken, von der an die Tötung eines Kindes im Leib Mord ist; und ebenso unmöglich ist es, den Moment des Todes festzustellen, indem die Physiologie nachweist, dass der Tod nicht ein einmaliges, augenblickliches Ereignis, sondern ein sehr langwieriger Vorgang ist. Ebenso ist jedes organische Wesen in jedem Augenblick dasselbe und nicht dasselbe; in jedem Augenblick verarbeitet es von außen zugeführtes Stoffe und scheidet andre aus, in jedem Augenblicke sterben Zellen seines Körpers ab und bilden sich neue; je nach einer längeren oder kürzeren Zeit ist der Stoff dieses Körpers vollständig erneuert, durch andere Stoffatome ersetzt worden, so dass jedes organisierte Wesen stets dasselbe bleibt und doch ein andres ist. Auch finden wir bei genauer Betrachtung, dass die beiden Pole eines Gegensatzes, wie positiv und negativ, ebenso untrennbar voneinander wie entgegengesetzt sind, dass sie trotz aller Gegensätzlichkeit sich gegenseitig durchdringen; ebenso, dass Ursache und Wirkung Vorstellungen sind, die nur in der Anwendung auf den Einzelfall als solche Gültigkeit haben, dass sie aber, soweit wir den Einzelfall in seinem allgemeinen Zusammenhang mit dem Weltganzen betrachten, zusammengehen, sich auflösen in der Anschauung der universellen Wechselwirkung, wo Ursachen und Wirkungen fortwährend ihre Stelle wechseln, das, was hier Wirkung, dort und dann Ursache wird und umgekehrt.

Alle diese Vorgänge und Denkmethoden passen nicht in den Rahmen des metaphysischen Denkens hinein. Für die Dialektik dagegen, die die Dinge und ihre begrifflichen Abbilder wesentlich in ihrem Zusammenhang, ihrer Verkettung, ihrer Bewegung, ihrem Entstehen und Vergehen auffasst, sind Vorgänge wie die obigen eben soviel Bestätigungen ihrer eignen Verfahrungsweise. Die Natur ist die Probe auf die Dialektik, und wir müssen es der modernen Naturwissenschaft nachsagen, dass sie für diese Probe ein äußerst reichliches, sich täglich häufendes Material geliefert und damit bewiesen hat, dass es in der Natur, in letzter Instanz, dialektisch und nicht metaphysisch hergeht, dass sie sich nicht im ewigen Einerlei eines stets wiederholten Kreises bewegt, sondern eine wirkliche Geschichte durchmacht. Hier ist vor allen Darwin zu nennen, der der metaphysischen Naturauffassung den gewaltigsten Stoß versetzt hat durch seinen Nachweis, dass die ganze heutige organische Natur, Pflanzen und Tiere und damit auch der Mensch, das Produkt eines durch Millionen Jahre fortgesetzten Entwicklungsprozesses ist." (*K. Marx/F. Engels, AW in sechs Bänden, Band V; S. 26 ff*).

Nun wollen wir uns das Thema etwas erarbeiten.

Materielle und intellektuelle Aneignung von Realität erfolgt stets in einer dreigliedrigen Weise. Stets haben wir es mit einem Subjekt zu tun, das mit Mitteln auf das Objekt wirkt. Wenn wir die Realität wie eine Nuss verstehen, so wären die eingesetzten Mittel Nussknacker. Sind es beim materiellen Aneignen Werkzeuge im weitesten Wortsinn, so beim intellektuellen Aneignen Denkzeuge, Begriffe, Theorien, Hypothesen, die der materiellen Aneignung von Realität dienen! Nichtbeachtung dieser Dreigliedrigkeit führt zu Fehlern.

Ich nehme ein erstes Beispiel:

Bei der materiellen Aneignung von Realität müssen nicht nur Werkzeuge (im weitesten Sinne des Wortes) benutzt werden, sondern auch Messmittel. Sie gehören – das Wort sagt es ja schon – dem Bereich der Mittel an. Sie müssen aber im Aneignungsprozess unverändert bleiben. Der Meter muss Meter bleiben, egal, wann und wo er zur Anwendung kommt. Das Messmittel ist also stabil, unveränderlich.

Hier haben wir folgenden möglichen Fehler: Nicht beachtet wird, dass das Messmittel nicht die Realität selbst ist. Es ist der Nussknacker, nicht die Nuss. Aber der Nussknacker bleibt unverändert. Werden Messmittel und Realität, Nussknacker und Nuss nicht unterschieden und wegen der Unveränderlichkeit des Messmittels auch die der Realität angenommen, so kommt man zu dem Schluss: Die Realität ist unveränderlich. Folglich gibt es in der Natur keine Entwicklung, kann es also auch keine Dialektik der Natur geben. Diese ist lediglich unserem Bewusstsein zugehörig. Eine Dialektik des Denkens könne es geben, aber keine der Natur.

Sowohl die materiellen als auch die intellektuellen Mittel unseres Einwirkens auf die Realität sind unser Produkt. Die Relativitätstheorie lag nicht in der Natur umher, sondern Einstein hat sie aus Ergebnissen, aus Mitteln, die sich aus der Naturwissenschaft ergaben, erschlossen. Oder die Atomhypothese, die hat Demokrit rein gedanklich erschlossen, denn vom Atom selbst konnte man bis in das neunzehnte Jahrhundert hinein nicht wirklich etwas wissen. Auch der sogenannte Urknall ist ein Denkprodukt, von Wissenschaftler geschaffen, um etwas zu verstehen, über das wir noch längst nicht genug wissen. Wir dürfen dieses Denkprodukt nicht mit der Realität gleichsetzen, zumal da auch noch ein logischer Fehler vorliegt: Das, was geknallt haben soll, muss ja schon vorher vorhanden gewesen, also ein Ur vor dem Ur gewesen sein.

Auch hier ist wieder ein Fehler möglich.

Es ist das Subjekt, das durch Mittel die Realität zu verstehen sucht oder auf sie einwirkt. Wir wissen aus der Mikrophysik, dass dabei wegen der eingesetzten

Energie am untersuchten Objekt Wirkungen auftreten, die man zuvor nicht kannte. Nun wird durch manche gefolgert, diese Wirkungen seien das Ergebnis des wirkenden Subjekts. Die Kausalität wird ins Subjekt verlegt, es wird zum Schöpfer von Realität.

Ein bekannter Physiker unserer Tage, Prof. Zeilinger, kam aufgrund seiner Forschungen zu dem Schluss, im Mikro-Physikalischen verschwände die Kausalität. Und er meinte, dort beobachtete Objekte seien durch ihn erzeugt.

Zunächst muss man feststellen, dass diese Aussagen keine solchen der Physik, sondern solche der Philosophie sind. Zeilinger meint, aufgrund physikalischer Forschungen, das nicht nur der Physik, sondern aller Wissenschaft „zugehörende" Kausalprinzip ausheblen zu müssen. Er traf eine philosophische Feststellung, eine, die über das Fachgebiet der Physik hinausreicht und nicht allein mit physikalischen Prüfmitteln zu entscheiden ist. Er maß die Philosophie am Maßstab der Physik, löschte ihren eigenen Charakter aus. Hätte er gesagt, hier stellen sich dem traditionellen Verständnis von Kausalität ernste Fragen, man muss es weiter entwickeln, so wäre das eine aus der Physik kommende Aufgabenstellung für die Philosophie geworden. Genau in jenem Sinn, in dem Hegel sagte: Die Wissenschaften geben der Philosophie das Material. Man sieht, nebenbei bemerkt, wie unsinnig es wäre, in der Philosophie die „Königswissenschaft" zu sehen: Ohne die Mittel der Wissenschaft wäre Philosophie leer, bloße Gehirnweberei. Aber die Fachwissenschaften dürfen ihre philosophischen Voraussetzungen nicht übersehen. Zeilinger blieb nicht bei seinem Leisten, mischte sich ebenso unzutreffend in ein andres Wissensgebiet ein, wie das jene Philosophen tun, die meinen, der Physik vorschreiben zu müssen, was sie zu tun und lassen habe. Nicht, dass Zeilinger die Mangelhaftigkeit des überkommenen Kausalprinzips in den von ihm erforschten Bereich festgestellt hat, ist das Problem, sondern, dass er seine Erkenntnis über den Forschungsgegenstand hinaus unzutreffend erweiterte – und sich dabei auch noch selbst widersprach. Indem er sagte, er, der Forscher, sei der Erzeuger der von ihm untersuchten Objekte, stellt er doch eine Kausalbeziehung fest (deren Existenz er zuvor negierte) und außerdem macht er sich zum Schöpfer der Realität! Dabei hat es jenes „Ding", das er untersuchte, schon gegeben, bevor er es untersuchte und er hat nur festgestellt, was sich infolge seines Eingriffs in dem schon vorher existierenden „Ding" änderte. Es geht um Zustände des von ihm untersuchten Objekts, das unter seinem Eingriff Eigenschaften zeigte, die es ohne solche Einwirkung etwa energetischer Art nicht hätte.

Zeilinger beging gleich zwei Fehler. Den ersten, als er das Mittel (M) durch die Gleichsetzung von Subjekt (S) und Objekt (O) negierte und meinte, er, das Subjekt, habe das Objekt (die Mikroereignisse) „erzeugt", sei gewissermaßen deren „Schöpfer". Er beachtet nicht, dass die Gesetze der Physik vom Menschen aus Naturforschung hergeleitete Erkenntnismittel sind, die man nicht für die Realität selbst halten darf. Sie vermitteln zwischen Mensch und Realität, sind eben *Mittel* zwischen beiden, nicht Natur selbst.

Ich will hier nicht auf die Geschichte der Erarbeitung grundlegender Denkmittel eingehen, es gab deren viele, und aus ihrer Summe ergab sich unser Weltbild. Ich erwähne nur Heraklits „alles fließt", der Grund liegt im Widerspruch, den es in allem Seienden gibt. Demokrit schloss: Man kann Seiendes nicht immerfort weiter teilen, man muss irgendwo ans Ende kommen und das ist das hypothetische Atom. Dies aber und der leere Raum, das sind die beiden Bedingungen zum Verständnis der Bewegung. Anaxagoras meinte gegen Demokrit, man könne mit dem Teilen nie aufhören, nie an das Nichts herankommen, denn dann würde ja die Realität aus lauter Nichtsen bestehen. Demokrit und Anaxagoras haben beide gedanklich Wesentliches erschlossen, und auf diesem Boden haben dann Epikur und Lukrez gefolgert: Etwas kann nicht zu nichts werden und aus Nichts kann nicht etwas entstehen.

Das sind alles Denkzeuge, die es ermöglichten, das Sein, die Realität außerhalb unseres Bewusstseins als Einheit zu verstehen und dazu wieder ein Denkzeug zu schaffen: Den Begriff der Natur, oder den der Materie.

Also nicht vergessen: Natur und Materie sind eben auch nur Denkmittel, Produkte unseres Wirkens. Das ist sehr wichtig, denn aus der Nichtbeachtung dieser Sachlage kann es wieder zu Fehlern kommen.

Auch dazu wieder ein Beispiel:

Materie oder Natur oder Sein, das sind alles Begriffe, mit denen wir die objektive Realität zu „erfassen" suchen. Diese objektive Realität enthält Eigenschaften oder Merkmale wie etwa Bewegung und Entwicklung, Masse und Energie.

Es war lange Zeit in der Naturwissenschaft üblich, Masse und Materie, die Materie mit einer ihrer Eigenschaften gleich zu setzen, den Begriff zur Kennzeichnung des Seins mit einer seiner Eigenschaften. Als man gegen Ende des 19. Jahrhunderts entdeckte, dass sich Masse in Energie verwandeln kann (und umgekehrt), folgerten einige: Die Materie verschwindet.

Dieses: Die Materie ist verschwunden, das war ein hervorragendes Mittel im Kampf gegen die materialistische Philosophie, und manche Marxisten haben diese unsinnige Verwechslung mitgemacht, weil ihnen der Unterschied zwischen Philosophie und Naturwissenschaft nicht klar ist.

Ich denke, es ist nun der Punkt erreicht, wo ich direkt auf die Umwälzung in den Naturwissenschaften und ihre Auswirkungen auf die Philosophie zu sprechen kommen sollte, wie sie etwa um die Wende vom 19. Zum 20. Jahrhundert eintrat.

Diese naturwissenschaftliche, vor allem die Physik betreffende Revolution, führte zum Zusammenbruch des alten, des mechanischen Materialismus. Der hatte sich vor allem in Deutschland während des 19. Jahrhunderts im Werk von Vogt, Moleschott und – insbesondere – Ludwig Büchner in der entwickeltesten Form herausgebildet. Es gab da einen engen Zusammenhang mit der raschen industriellen Entwicklung. Diese war mit großen naturwissenschaftlichen Forschungsergebnissen verknüpft. Auf dieser Grundlage entstand ein in sich geschlossenes materialistisches Weltbild, das dem bürgerlichen Fortschritt diente und folglich als bürgerlicher Materialismus zu bewerten ist. Doch schon gegen Ende des 19. Jahrhunderts zeigte sich –

was allerdings Marx und Engels weit früher erkannten (waren sie doch Schöpfer eines qualitativ anderen, des dialektischen, des proletarischen Materialismus) – dass dieser mechanische Materialismus nicht geeignet war, die Umwälzungen vor allem der Physik zu verstehen. So kam das Gerede von der Krise der Physik auf.

Grundlage dieses Geredes war auch hier die Nichtbeachtung des Unterschieds zwischen Naturwissenschaft und Philosophie sowie die Nichtbeachtung der Tatsache, dass naturwissenschaftliche Erkenntnisse im Laufe der Wissenschaftsentwicklung erworbene relative Wahrheiten sind, die also nicht als absolut gesetzt werden dürfen. Dieses undialektische philosophische Verständnis von Physik brach zusammen, nicht die Physik.

Der Zusammenbruch des mechanischen Materialismus erfolgte, weil er sich als unfähig erwies, die neuen Erkenntnisse der Physik zu verallgemeinern. Bis dahin verstand man die Welt als aus Atomen bestehend. Diese hätten eine unveränderliche Masse. Sie seien undurchdringlich und unteilbar. Sie könnten sich nicht ineinander verwandeln. Zwischen ihnen breite sich ein Medium aus, Äther genannt. In diesem entfalteten sich elektromagnetische Wellen. Alle Bewegung in der Natur lasse sich aus mechanischer Ortsbewegung der Atome und Atomkollektive erklären. Auch elektromagnetische Felder wurden so verstanden.

Dies alles geriet um diese Zeit durch Neuentdeckungen in die Krise. Das vom mechanischen Materialismus entworfene Weltbild, nicht aber die Physik geriet in Schwierigkeiten, deren Entdeckungen gerade das Weltbild erschütterten.

Die Radioaktivität zerstörte die Vorstellung von der Unveränderlichkeit der Atome. Eigenschaften der Röntgenstrahlung waren mit der Undurchdringlichkeit der Materie nicht vereinbar. Die entdeckten Elektronen zeigten, dass die Atome eine komplizierte Struktur besitzen und teilbar sind. Auch die Masse ist nicht mehr eine unveränderliche Größe, sondern befindet sich in einem Verhältnis zur Energie und ist abhängig von der Geschwindigkeit. Die Gesetze der Mechanik hängen von denjenigen des Elektromagnetismus ab. Sie sind ein Spezialfall innerhalb streng bestimmter Grenzen. Die Konstanz der Masse, also das Trägheitsprinzip, gilt nur für mittlere Geschwindigkeiten. Aber „mittlere" bezieht sich auf unsere Wahrnehmungen, den Bereich unserer gewöhnlichen Erfahrungen.

Die Physik als System war zu erneuern. Das war die Aufgabe für die Physiker. Und es war notwendig, die materialistische Philosophie auf ein solches Niveau zu heben, dass sie das Verständnis der modernen Physik ermöglichte. Sie war eben als dialektischer Materialismus nötig. Diese Aufgabe der Philosophen konnte und kann nur vom dialektischen Materialismus geleistet werden, weil dies mit gesellschaftlichen Grundproblemen zusammenhängt: Der dialektische, der marxistische Materialismus führt mit innerer Notwendigkeit, in Gestalt des historischen Materialismus und der Politischen Ökonomie an die Problematik des Kapitalismus, seiner Überwindung heran. Aber dies auch nur zu denken, das ist des Teufels.

Wegen des Zusammenbruchs des mechanistischen Weltbildes wurde aber nicht gefolgert, man müsse dieses aufgeben, sondern man „modelte" an der Physik herum. Ist das Verhalten des Elektrons nicht mit den bisherigen Gesetzes- und Determinismus-Auffassungen zu verstehen, wurde „gefolgert", diese bis dahin gültige Determinismus-Auffassung sei nur subjektiver Art, treffe nur für manche Erscheinungen zu, für andere nicht. Man redete einer un-determinierten Realität das Wort, war nicht fähig, die seitherige Naturkenntnis als relative Wahrheit in den sich weiter entwickelnden Prozess der Naturerkenntnis einzuordnen. Aus der Überholtheit von historisch und sachlich begründetem Wissen, das in höher entwickeltes Wissen zu überführen war, wegen der Begrenztheit des früheren Wissens lehnte man nicht die „Grenzen" sondern die durchgängige Determiniertheit der Natur ab. Das ließ sich dann gut gebrauchen, um auch Determinanten gesellschaftlicher Entwicklung zu leugnen und dies gegen den wissenschaftlichen Sozialismus zu nutzen.

Naturwissenschaftliche Gesetze und Theorien sind zwar insofern Menschenwerk, dass sie von Wissenschaftlern zum Verständnis von Objektiv-Realem erzeugt wurden. Sie sind „Gedankendinge". Aber sie haben einen objektiven Inhalt. Sie sind objektive Wahrheiten, weil sie als intellektuelle Werkzeuge von Wissenschaftlern geschaffen werden, um auf die Realität zu „passen". Sie sind also keine Spukgebilde eines irgendwie reinen Geistes. Wäre dem nicht so, so wäre der menschliche Lebens- und Arbeitsprozess nicht möglich. Dieser Lebens- und Arbeitsprozess liegt dem Erkenntnisprozess zugrunde, und darum gibt es keine Schranke zwischen der Erkenntnis der Natur und dem Menschen.

Was aber ist dann materialistische Dialektik? Worin besteht ihr Materialismus? Die Frage lautet also: Existiert Dialektik in der Natur oder im Denken? Objektiv oder nur subjektiv? Und wie wäre dann das Verhältnis zwischen der Dialektik im Denken und jener in der Natur? Denn – zu erinnern ist noch einmal daran: Natur ist ein Begriff, ein Gedankending, von uns geschaffen, um die Vielfalt der objektiven Dinge und Erscheinungen zu begreifen. Das bedeutet dann aber: Sollte es Dialektik nur in diesem Begriff geben, so wäre sie nur eine solche subjektiver Art. Dies war zum Beispiel der Standpunkt des frühen Georg Lukács, Jean Paul Sartres, der Frankfurter Schule.

Wie kommen wir aus diesem scheinbaren Dilemma heraus?

Noch einmal: Erkennen ist keine unmittelbare Beziehung auf das Sein. Dieses wird durch Denkbeziehungen vermittelt. Wir sahen, dass es zwei Arten solcher Denkbeziehungen auf die Natur gibt, die des Verstandes und die der Vernunft, oder in der Redeweise des Marxismus: die metaphysische und die dialektische. Die Erkenntnisweise des Verstandes, der Metaphysik, hat es mit isolierten Dingen zu tun. Mit solchen, die aus ihren Zusammenhängen herausgelöst wurden. Weil ihnen eben diese Zusammenhänge, dieser tiefere, gründlichere Bezug zur Realität noch fehlt, darum können sie nicht abbilden, was unverzichtbar zur Dialektik gehört: Zusammenhang, Bewegung, Veränderung, Entwicklung. Erst auf dieser Grundlage – auf der Basis des Arbeitens mit der Vernunft – entsteht Dialektik, eben nicht auf der Grundlage des Arbeitens mit Verstandsdingen, diesen ersten Negationen des Realen. Diese ersten Negationen gilt es aufzuheben durch eine zweite Negation, durch die Wiederherstellung der zuvor durch Naturforschung aufgelösten realen Zusammenhänge in Raum und Zeit, Bewegung usw. Erst auf diesem Niveau ist Dialektik möglich. Aber eben erst als subjektive, noch nicht als objektive Dialektik. Und sie ist notwendig, um die durch die Naturforschung erzielten Kenntnisse auf wirklich zusammenhängende, eben philosophische Art erkennen zu können. Das bedeutet: Subjektive Dialektik ist analog zur Realität, hat ihr Fundament eben in dieser Realität oder sie wäre nicht möglich. Der subjektiven Dialektik liegt objektive Dialektik zugrunde. Und damit erhält sie ihren materialistischen Charakter. Die Scholastik hatte eine sehr schöne Formulierung, dieses Problem zu erklären: Es handelt sich um rationale Dinge mit einem Fundament in der Realität: *ens rationis cum fudamentum in re.*

Dieses Buch ist eine Tat!

(Bei Hinweisen auf Losurdos gebe ich ein-
fach die Seitenangaben an. Nietzsche selbst
zitiere ich nach: Friedrich Nietzsche, Sämt-
liche Werke, Kröner, Stuttgart 1964-65, weil
diese Ausgabe in Deutschland die am wei-
testen verbreitete ist [Bandnummer/Seiten-
zahl])

Da steht er vor mir, Nietzsche, fotografiert als Sol-
dat, den Säbel in der Hand, den Helm vor sich auf dem
Tisch, so, als ginge es demnächst in die Schlacht. Seiner Schwester hatte er einmal geschrieben, er verstehe
sich als Preußischer Grenadier, bereit, die Waffen zu
ergreifen.. Dabei war sein Zustand physisch und psy-
chisch so, dass die Armee ihn nach wenigen Monaten
als untauglich nach Hause schickte. Und dieser Mann
baute um sich herum eine Burg aus jeder Menge Ge-
walt- und Macht-Fantasien. Mich erinnert das an das
alte deutsche Märchen vom tapferen Schneiderlein.
Nur, die ihm später folgen sollten, ließen sich nicht
vom kleinen Schneiderlein leiten, sondern von dessen
Macht- und Gewaltfantasien – oder sie versuchten, dieses Werk des tapferen Schneiderleins in den Gefilden
der Philosophie zu „entsorgen", es linker, demokratischer, humanistischer „Zivilisation" anzunähern (dazu
umfangreich Domenico Losurdo am Ende seines Werkes). Dazu dienten und dienen die immer mal wieder
aufflammenden Diskussion um „Der Wille zur Macht"!
Doch trotz aller solcher Bemühungen und trotz des
Nachweises geringer Manipulationen der ersten Her-
ausgeber des Werkes: Der vorliegende „Wille zur
Macht" stammt aus Nietzsches Feder.
  Nietzsche-Analyse kann man sich einfach machen.
Man kann sich auf bestimmte Kernprobleme konzen-
trieren: Wie hat sich Nietzsche mit dem Thema des Krieges befasst? Oder mit dem der Erkenntnis und Wahrheit? Spielte der Antisemitismus in seinem Werk eine
Rolle und wenn ja, wie? Oder wie war sein Verhältnis
zur Religion, insbesondere zur christlichen, oder zur
Kunst, zur Wissenschaft, auch zur Sprache usw. usf. Das
wäre ein Stückwerk-Nietzsche, aber das „geistige Band",
das sein Werk zusammenhält, ginge es nicht gerade so
verloren? Es muss das Wagnis eingegangen werden, sich

dem ganzen Nietzsche zu stellen und so etwas ist nicht „auf die Kürze" machbar. So sollte es nicht wundern, dass der italienische Marxist, der Kommunist Domenico Losurdo zu Nietzsche ein Riesenwerk vorgelegt hat.

Aber darüber muss man sich schon wundern, dass die dem Marxismus, dem Kommunismus alles andere als holde „Frankfurter Allgemeine Zeitung" es vor einigen Jahren für angebracht hielt, dieses Werk auf einer ganzen Seite durch einen wirklich sachkundigen Autoren (Kurt Flasch) zu würdigen. Auch ein Stichwortgeber aus dem Umfeld des dem Kommunismus feindlich gesonnenen Konservatismus, Ernst Nolte (Bolschewismus als Vorbereitung des Faschismus!) hat Losurdos Buch gründlich besprochen. Ebenfalls schon im Jahre 2006 hatte Jan Rehmann in der „Jungen Welt", einer deutsch-sprachigen sozialistischen Tageszeitung, Losurdos Buch umfangreich vorgestellt (und jetzt hat er zur deutschen Ausgabe des Werks ein ausführliches einleitendes Kapitel verfasst). Das alles lässt nur den Schluss zu: An diesem Buch kann, wer sich mit Nietzsche befassen will, fürderhin nicht mehr vorbeigehen!

Seitdem warteten wir auf eine deutsch-sprachige Ausgabe. Keiner unserer seriösen Verlage unternahm es, dieses Werk übersetzen zu lassen, es herauszubringen. Umso mehr muss man dem Argument-Verlag großen Respekt und auch Dank sagen, dass er dieses Wagnis auf sich genommen hat; und es war Erdmute Brielmayer, die es übernahm, das umfangreiche Werk ins Deutsche zu übersetzen.

Über Nietzsche wirklich sachkundig, ernsthaft, die gesamte Persönlichkeit, das gesamte Werk erfassend zu schreiben, erfordert einen Autoren oder eine Autorin, der oder die wenigstens die folgenden Eigenschaften aufweist: Die des Philosophen, des Politikers, des Germanisten und die, der gründlichen Kenntnis der europäischen Kulturgeschichte. Denn da Nietzsche unbezweifelbar das gesamte nachfolgende bürgerliche Geistesleben – nicht nur die Philosophie - beeinflusst hat, ist gründliche Kenntnis dieses Geisteslebens erforderlich, um sowohl Nietzsche auf all einen Wegen, als auch der von ihm beeinflussten bürgerlichen Geistigkeit zu folgen. Ob es sich um die konservative Gegenrevolution der

Toquevilles, Burkes, Adam Müllers, um die sog. Postmoderne unserer Tage handelt oder um die bürgerliche (!) Gegenaufklärung des 19. Jahrhunderts, um die französischen Spät-Nietzscheaner der zweiten Hälfte des 20. Jahrhunderts: Losurdo befasst sich mit allem tief kenntnisreich. Das Buch geht weit über den Gegenstand Nietzsche hinaus. Losurdo stellt sich solchen Anforderungen mit großem Erfolg und genau deshalb schrieb er ein Buch, das die erwähnte Resonanz fand. Es ist Ergebnis jahrzehntelanger Vorlesungen und Diskussionen Losurdos mit seinen Studenten.

Der Autor verweist darauf, der Umgang mit Nietzsche sei oft davon geprägt, die historisch-gesellschaftlichen Zusammenhänge und Bedingungen seines Wirkens zu missachten. Da Nietzsche Stammvater der gesamten spätbürgerlich-dekadenten Philosophie war, hat er auch auf den Faschismus gewirkt. Aber eine vordergründig-flache Annäherung von Nietzsche an die Nazis ist unhistorisch. Losurdo geht diesem Thema nach, den Versuchen Hitlers, Himmlers, Goebbels, Rosenbergs Nietzsche für die Nazis zu nutzen - und sie konnten dabei im Werk des Philosophen viele Ansatzpunkte finden. Dennoch bin ich mir dessen sicher: Die Bande verkrachter Existenzen, brutaler Landsknecht-Typen und windiger Intellektueller wäre nicht jene „Rasse" gewesen, aus der Nietzsche seinen Übermenschen erwartet hätte.

Der Faschismus tritt in gesellschaftlichen Zusammenhängen auf, die es zur Zeit Nietzsches noch nicht gab. Die These von Nietzsche als geistigem Wegbereiter des Faschismus ist nicht völlig falsch; was sie sagt sagt eben nicht alles (es wird nicht beachtet, dass zwischen Nietzsches Werk und der Naziherrschaft der Erste Weltkrieg und die Oktoberrevolution liegen). Als Hans Günther (dieser auch gegen Bloch) und Georg Lukács gegen Nietzsche schrieben, war der Feind nicht nur der Arbeiterbewegung, sondern auch der bürgerlichen Demokratie und des Humanismus insgesamt der Faschismus, und er berief sich lauthals auf Nietzsche. Insofern war der Stoß gegen ihn völlig gerechtfertigt. Indes, Losurdo zeigt's: dies wird dem Gesamtwerk des Philosophen nicht gerecht.

Das jedoch nützen jene, die vom oft aphoristischen Charakter des Werks ausgehen um zu behaupten, es gebe zwischen seinen grundlegenden Gedanken keinen wirklichen inneren Zusammenhang, weshalb man bestimmte Aspekte herauslösen und positiv wenden könne. (Losurdo erklärt, warum Nietzsche das Arbeitsmittel des Aphorismus benutzte: Es ging darum, jene Schwierigkeiten zu meistern, die sich beim Übergang zwischen verschiedenen Disziplinen, aber auch bei der exakten Fassung seiner Gedanken einstellten. S. 852) Man sieht dann, dass Nietzsche durchaus hart und treffend Kritik am bürgerlichen Banausentum, an der Kulturlosigkeit des Liberalismus übt, an der Heuchelei bürgerlicher Moralapostel. Oder man diskutiert über seine schriftstellerische Leistung und das nicht zu unterschätzende musikästhetische Werk. So kann man aus Nietzsches Werk einen Steinbruch machen und sich daraus holen, was einem beliebt.

Zentralorientierungen Nietzsches

Losurdo kann jedoch zeigen, dass zentrale Positionen Nietzsches schon von Anfang an in seinem Werk enthalten sind, durchgehalten werden während aller seiner Entwicklungsetappen, und deshalb geht der Nietzsche-Kritiker nicht im eng verstanden Sinne biografisch, sondern biografisch-thematisch vor, kann so jenes Durchgehende herausarbeiten, das diesem Gesamtwerk entspricht. Er macht von den ersten Seiten des Buches an klar: Verurteilung und Kritik der Revolution seien der Leitfaden der Nietzsche-Deutung. *„Anders sei es nicht möglich, den Philosophen in seiner Ganzheit zu begreifen und ´zu retten´."* (S. 820) Aber es handle sich auch um ein Kompendium vielseitiger Art, vieler Disziplinen. (*S. 868*). Nietzsche war ein eminent politischer Denker! Er „selbst deutet sein Denken politisch oder ethisch-politisch" und es *„zielt seine Polemik in erster Linie auf die moralische Weltanschauung, die die Sklavenaufstände gegen die Úngerechtigkeit´ antreibt"* (S. 843) Und dieses Denken sei aktuell: Sein Werk *„steht hundert Jahre nach seinem Tode weiterhin im Mittelpunkt der philosophischen Debatte, weil er Ideen ausgearbeitet und*

Anregungen vorgeschlagen hat, die, wie immer sie psychologisch entstanden sei mögen, eine Gültigkeit haben, die weit über die Sphäre der Selbsterkenntnis hinausgeht." (S. 89) Ihn erschreckte die Pariser Kommune (S. 33), er forderte, diesen Hydrakopf zu zerschlagen (S. 255). Er reagierte auf den Gründungsprozess des preußisch-deutschen Kaiserreichs, den Gründungsschwindel, die scheinbare Hochblüte der deutschen Bourgeoisie, den Aufbruch der Arbeiterbewegung, das Sozialistengesetz (es war ihm nicht scharf und nicht weitgehend genug). Die sogenannte Bismarck´schen Sozialgesetzgebung hielt er für eine Dummheit (S. 337, aber auch an anderen Stellen), das Wirken von drei deutschen Kaisern beurteilt er. Losurdo zeigt die Verbindung solchen Denkens mit dem von konservativem Bezugspotential (Toqueville, Burke, Adam Müller u.a.) Dies alles prägten Leben und Werk des Philosophen.

Auch nicht nur das Anknüpfen an und die Auseinandersetzung mit Schopenhauer, sondern ebenso die Kritik am Neukantianismus, am flachen liberalen Humanismus und Reformismus, an den sozialistischen Ideen der Arbeiterbewegung (die er jedoch, im Unterschied zu den bürgerlichen Tendenzen, gegen die er kämpfte, nicht wirklich kannte). Losurdo belegt die immer wiederkehrende These und zeigt als durchgängige Themen Nietzsches dessen Feindschaft gegen die französische Revolution (z. B. S. 504 wegen ihrer Auswirkungen auf die folgende Geschichte), die Volksbildung (*weil sie die Massen zum Aufbegehren bewegt* S. 194, 195,389), gegen die Demokratie (*weil sie für den Befreiungskampf der Unterdrückten Raum gewährt*) gegen die Moral (*weil sie zur Mitleid mit den Armen und Benachteiligten, den 'Missratenen' und Kranken auffordert, statt solche 'Minder-Existenzen' eugenisch, notfalls sogar durch Kastration zu 'entsorgen'*, S. 379,533, 580ff, 595, 883), das Christentum (*soweit es aus moralischen Gründen Solidarität mit den Armen, den Benachteiligten predigt und insofern dem Sozialismus Wasser auf die Mühlen treibt*), den Sozialismus (*der ist der Hauptfeind*) – und dies alles zum Zweck der Errichtung und Sicherung der Macht eines neuen Adels.

Das Thema der Macht, der Herren und Sklaven

Alle Gesellschaften sind ihm ewig nur Formen der Sklaverei (S. 833, 365). Es ist eine herrschende Rasse nötig, mit unabdingbarer Gewalt (S. 504). Ohne Sklaven kann es keine Kultur und keine Müßige geben. (S. 923, 857) Mathematik und Logik dienen der Macht (S. 974 f). Nietzsche unterwirft also letztlich alle Fragestellungen und Antworten seiner Philosophie dem Problem der Erhaltung der Macht der Herren (*der Cäsaren* S. 364 f, 355, 357, 677, 681, 824 *zur Züchtung dieses neuen Adels* S. 355, 357, 583, 600 f, 677, 681) und dem der Abwehr des Aufstands der Sklaven. Wobei er genau entschlüsselt, wen er mit beidem meint. Die zeitgleiche Bourgeoisie sei angesteckt von jenen Werten, die auch die Sklaven erfüllten, einer Weltanschauung, die aus dem Judenvolk über das Christentum und die Französische Revolution bis in die Sklavenbewegung des Sozialismus hinein prägend wurde. Darum sei das Bürgertum nicht in der Verfassung, den Aufstand der Sklaven - der sozialistischen Arbeiterbewegung - abzuwehren. (S. 658) Nötig sei eine neue *„Partei des Lebens"* (S. 349, 352 ff, 512, 843 ff) und als deren Herold möchte Nietzsche wirken. Sie soll *„auf den Ruinen des Konservatismus und Liberalismus"* wirken, die revolutionäre Bewegung vernichten. Orientiert an der Natur gehe es um eine aristokratische Ordnung, die die Masse der Menschen zu sklavischen Verhältnissen und zu einem kümmerlichen Dasein verurteilt. (S. 354 f) Aristokratischer Radikalismus wende sich entschieden gegen die „Herdenthier"-Ideale. Es genüge nicht, die bestehende Ordnung zu verteidigen, die selbst von der verurteilenswerten Weltanschauung geprägt sei. Es gehe, das ist durchgängiges Motiv, um den Kampf gegen den Pöbel, gegen das demokratische Zeitalter mit seiner *Press- und Frechheits-Freiheit.* (S. 355) Macht ist ewig-naturhaftes Moment, aber das ist keine verschlüsselte, anonyme Macht.

Da im Zentrum die Herkunft des modernen Menschentums aus der Französischen Revolution (S. 660), mit ihren Ideen der Gleichheit und Menschenwürde steht und es darum geht, höhere und niedere Menschen, höheres und niedere Menschentum scharf zu scheiden, geht es in der Frage der Macht um jene des höheren Menschentums, der Herren und gegen das Machtstreben „niederen" Menschentums, der Sklaven: Er wusste um die Gefahr, die der Macht der Herren durch die „Sklaven-Bewegung" des Sozialismus droht, und er richtet einen Stoß mit „biologischer" Motivation gegen die „Sklaven-Bewegung", indem er auf der „biologisch begründeten" Unaufhebbarkeit des Gegensatzes von höherem und niederem Menschentum besteht. Es werden alle Fragestellungen und Antworten dem Problem der Erhaltung der Macht der Herren, der Abwehr des Aufstands der Sklaven, der Arbeiterbewegung unterworfen. *„Wen hasse ich unter dem Gesindel von heute am besten? Das Sozialisten-Gesindel., die Tschandala-Apostel, die den Instinkt, die Lust, das Genügsamkeits-Gefühl des Arbeiters...untergraben, - die ihn neidisch machen, die ihn Rache lehren. Das Unrecht liegt niemals in ungleichen Rechten, es liegt im Anspruch auf gleiche Rechte."* (77/273). Die Arbeiterbewegung verhindert es, dass die Arbeiter bescheiden blieben. Sie würden Schritt um Schritt mehr verlangen. Sie hätten die große Zahl für sich. Er kritisiert, dass die Arbeiter militärpflichtig wurden, das Koalitionsrecht und das politische Stimmrecht hätten. So habe man alles getan, um den Arbeitern das Bewusstsein darüber zu wekken, dass ihre Existenz ein Unrecht sei. Aber alles Lamentieren darüber habe keinen Zweck. Wolle man den Zweck, so müsse man auch die Mittel wollen. Wolle man Sklaven, so sei man ein Narr, wenn man sie zu Herren erziehe. Man müsse gegen die sich herausbildende neue Herdenmasse einen neuen Terrorismus entwickeln. In der Wissenschaft und wissenschaftlich betriebenen Philosophie sah er Waffen der Arbeiter: Die Arbeit bekommt immer mehr alles gute Gewissen auf ihre Seite. (74/217). Die Arbeiterfrage ist eine Dummheit (77/63). Wenn die Arbeiterstände dahinter kommen, wie sie uns durch Bildung übertreffen können, ist es mit uns vorbei (82/83). So wird denn auch verständlich, was die Frage bedeutet: *„Hat man eigentlich die berühmte Geschichte verstanden, die am Anfang der Bibel steht, - von der Höllenangst Gottes* *vor der Wissenschaft!"* (77/253). Will sagen: von der Höllenangst der Herren und ihrer Ideologen, die Sklaven könnten vom Baum der Erkenntnis essen! Der Pöbel habe seine Machtmittel in der Erkenntnis: *„Die Unterdrückten haben ihre Feriozität in den kalten Messerstichen des Syllogismus"* (78/299). Die logische Folge: Nietzsche ist ein harter Kämpfer gegen Volksbildung! Die „Sklaven" sollen nur „lernen", was sie für ihre jeweilige unmittelbare Arbeit brauchen; keine Kenntnis wesentlicher gesellschaftlicher und historischer Entwicklungen!

Nietzsche sah, dass die Arbeiterbewegung Wissenschaft und Moral an ihrer Seite habe, auch, dass davon die Liberalen - in der Folge des einstigen Rationalismus, der Aufklärung - angesteckt sind. Beides, Arbeiterbewegung und Liberale beziehungsweise reformistischen Bürger kennzeichnet er als dekadent. Und gerade das Dekadente am Bürgertum sei schuld an dessen Unfähigkeit zum Widerstand gegen die anstürmende Arbeiterbewegung.

Das Thema Krieg

Ein immer wiederkehrendes Thema ist das des Krieges. (S. 685, 323, 371, 679) Nietzsche erwies sich als ein Seismograph, er nahm jene Krisen-Stimmung vorweg, die um die Wende zum 20. Jahrhundert das gesamte bürgerliche Geistes- und Kulturleben durchdringen sollte: Ob es sich um Philosophie und Theologie oder Politik und Physik handelte, das Wort von der Krise war allgegenwärtig, und mit ihm die Hoffnung, ein großes reinigendes Gewitter könne das faul und morsch gewordene Europa aufrütteln. Eben: Auch das Europa-Thema musste hier anregend wirken und auch hierin war Nietzsche ein Stichwortgeber, Losurdo behandelt diesen Aspekt des Werkes ebenfalls sehr gründlich und zeigt, dass auch darauf die Autorität des Philosophen beruht (*das* wirkte in Himmlers Europa-Phantasien, die auf der Grundlage der Waffen-SS fußten). Just unter diesen komplexe Bedingungen wurde Nietzsche zum bürgerlichen Geistesheroen!

Und das des Antisemitismus

Es gibt immer wieder Diskussionen über das Thema Antisemitismus im Werk des Philosophen. (S. 796, 791). Dies ist ein von Losurdo durchgängig – auch in den Anhängen - angesprochenes Thema: Es gibt dazu bei Nietzsche unterschiedliche Positionen, wobei seine Kritik der primitiven Formen des Antisemitismus dazu dienen konnte und kann, die wirklichen tieferen Gründe seiner negativen Einstellung zu den Juden zu verstecken. Losudo entlarvt die Tricks, wie Nietzsche da gerechtfertigt werden soll. Kernpunkt ist, dass aus jüdischer Geistigkeit das Christentum hervorging, welches in die moderne Sklavenbewegung der Arbeiterklasse hineinwirkte.

Erkenntnistheoretische Probleme

Losurdo zeigt stets am konkreten Hauptthema, dass es politisch behandelt wird. Das gilt auch für erkenntnistheoretische Fragen, auch da geht es um den feindlichen Widerspruch von Herren und Knechten. Das Bewusstsein ist ihm nur eine Werkzeug des Willens zur Macht (S. 976) *„Die neue Aufklärung – die alte war im Sinne der demokratischen Herde: Gleichmachung aller. Die neue will den herrschenden Naturen den Weg zeigen; - inwiefern ihnen (wie dem Staate) alles erlaubt ist, was den Herdenwesen nicht freisteht."* (83/ 282 und 299). Der Gelehrte sei das Herdentier im Reiche der Erkenntnis. (78/286) Erkennen ist Aneignung, das aber wird zur lebensphilosophischen Einverleibung der Außenwelt umgedeutet (78/288). Diese sei auf der menschlichen Entwicklungsstufe nicht prinzipiell von der Aneignungsweise der Amöbe verschieden (78/345, dieses Arguments bedient sich übrigens auch Popper!). Die Kritik der Revolution von 1789 erfordere die Kritik der Allgemeinheit als eines geistigen Reflexes dieser Revolution. (S. 639). Der Glaube an Beharrendes, Substanz, Dinge hätte keine Grundlage (S. 654). Dies alles sei Folge des Plebejertum, ihm wird das Aristokratische entgegengestellt. (S. 663). Er spricht vom Aberglauben an objektives Wissen (S. 658 f) als Ausdruck des demokratischen und plebejischen Dogmatismus. Unter den Mänteln des Objektiven würden physiologische Bedürfnisse verfochten. Doch *„Das Leben ist eine Krankheit."* (S. 891), Ursache und Wirkung seien nur Fiktionen (S. 649), Logik und Mathematik Kunstgriffe zugunsten der Macht des Pöbels (S. 974), Naturwissenschaften nur Welt-Auslegung (S. 859). Die uns escheinende Welt sei eine verallgemeinerte Welt, bloße Veroberflächlichung (S. 662). Er wendet sich generell gegen rechnende und zählende, messende Wissenschaft, sie seien nur Folgen der Gleichmachung. Objektives sei nur Interpretation, Folge der pöbelmännischen Feindschaft gegen alles Bevorrechtete und Selbstherrliche. Er ersetzt erkenntnistheoretisch Fragestellungen durch existenzielle *(S. 654, 653f)*.

Solche aggressive Abwehr von Erkenntnis führt folgerichtig zur Negation von Erkenntnistheorie, und dies hängt eng zusammen mit der Lehre vom Werden, die so gefasst ist, dass eine Identifizierung von Dingen und Erscheinungen im Strom des ewigen Werdens nicht möglich ist: *„im Werden zeigt sich die Vorstellungsnatur der Dinge: es gibt nichts, es ist nichts, alles wird, d..h.: ist Vorstellung."* Noch deutlicher: *„der Charakter der werdenden Welt als unformulierbar, als falsch, als sich widersprechend. Erkenntnis und Werden schließen sich aus"* (78/354). Folglich ist das Sein nur eine Annahme, nur eine Fiktion, die scheinbare Welt ist die einzige: *„die wahre Welt ist nur hinzugelogen."* (77/95) „Wahr" ist, was die Macht der Herren steigert. In einer Welt ewigen Werdens könne es nichts Festes, folglich nichts Feststellbares geben, also auch keine Wahrheit, *„Gesetzt, alles ist Werden, so ist Erkenntnis nur möglich aufgrund des Glaubens an Sein."* *„Erkenntnis an sich im Werden unmöglich"* (78/419) *„..es gibt nichts, es ist nichts, alles wird, das heißt, ist Vorstellung."* Sein ist nur eine Fiktion, (83/310). Es gibt nichts Allgemeines, nur Individuelles. Es gibt keine Tatsachen (S. 876). Die Geschichte der Philosophie sei ein einziges Wüten gegen die Voraussetzungen des Lebens (78/322). Logik zwinge das Individuelle unter das Allgemeine. So, wie in der Logik, so werden in der Gesellschaft die Individuen dem Allgemeinen, dem Herdenwesen untergeordnet. Die Logik ist das Gegenbild zur Vergewaltigung des Individuellen in der Gesellschaft (eine Konzeption, die sich auch in Adornos negativer Dialektik wiederfindet).

Ewige Wiederkehr

Auch die Lehre von der ewigen Wiederkehr (S.472) hat zutiefst ihren Grund in der Herrschaftsphilosophie Nietzsches: Wenn alles sich nur in – seien es noch so große – Kreisläufen wiederholt, dann gibt es, wie Salomon sagte: Nichts Neues unter der Sonne (S. 472 f, 476), dann ist auch kein Weg zum Sozialismus möglich – nur: Weshalb dann der so heftige Kampf gegen Sozialismus und Kommunismus, wenn sie gemäß der ewigen Wiederkehr doch nicht möglich sein können?

Wie löst Nietzsche die Aufgabe, Entwicklung zu leugnen? Er gibt der Lehre wissenschaftlichen Anstrich (S.878), geht von der Annahme eines unveränderlichen Vorrats von Kraftquanten als Grundlage alles Seins aus (S. 472). Angesichts einer konstanten Anzahl solcher Quanten muss es im Lauf genügend langer Perioden zur Wiederholung bereits vorhandener Verbindungen kommen. Der Kreislauf ist nichts Gewordenes, ist da, ist das Ur-Gesetz, wie die Kraftmenge Urgesetz ist, ohne Ausnahme und Übertretung. Alles Werden ist innerhalb des Kreislaufs und der Kraftmenge. So ist die Welt eine endliche, bestimmte, unveränderlich gleichgroße Kraft. Das Dasein, sowie es ist, ist ohne Sinn und Ziel, aber unvermeidlich wiederkehrend, ohne ein Finale ins Nichts. Es handelt sich notwendigerweise um ewige Wiederkehr. So entstehen aus solcher Bewegung also keine neuen Qualitäten.

Barbarische „Lebensphilosophie"

Die Begriffe „Leben" und „Natur" im Werk des Philosophen haben nichts zu tun mit den entsprechenden Begriffen der Naturwissenschaften wären gründlich zu untersuchen, es sind in pseudo-biologischer Verkleidung die Raub- und Plünderungsgesetze der Klassengesellschaft. Nirgends geht er auf den Begriff des Lebens im Sinne der wissenschaftlichen Biologie zurück! Der Wille zur Macht ist ihm eine Liebe zum Leben (S. 885, 637, 984, 336). Aber Leben ist eingefügt in das Verständnis des „vernichte oder werde vernichtet!" Der Mensch sei nur Mensch, wenn er seine Tier-Natur ernst nimmt. Leben um des Lebens Willen ist nur möglich durch Vernichtung anderen Lebens. Es geht um die Wiederherstellung der Natur: moralinfrei (78/75). Das Leben *„ruht auf unmoralischen Voraussetzungen: alle Moral verneint das Leben* „(78/322) Moral, das sind nur die Instinkte der Dekadenz, der Enterbten, die mittels Moral Rache an den Herren nehmen wollen (78/323). *„Es handelt sich um... eine absolute Feststellung von Machtverhältnissen: das Stärkere wird über das Schwächere Herr....hier gibt es kein Erbarmen, keine Schonung, noch weniger eine Achtung vor 'Gesetzen'!"* (78/425). Dies treibt er bis zu häufig geforderte eugenische Maßnahmen gegen Kranke, Behinderte, „Missratene"(S. 379, 595, 883).

Moralisierende Kapitalismuskritik

Seine den Schein einer Kritik am Kapitalismus erweckenden Äußerungen missachten die gesellschaftlichen Grundlagen dessen, das es zu kritisieren gilt, verursachen aber die Affinität bürgerlicher und kleinbürgerlicher Intellektueller sowie Künstler für Nietzsche – manche von ihnen, z. B. Thomas Mann, haben sich erst unter schweren Kämpfen aus solcher Gefangenschaft befreit! Losurdo macht völlig klar, von welchem Standpunkt aus Nietzsche kritisiert: nicht vom Standpunkt der Überwindung des Kapitalismus. Er war ein eindeutiger Gegner des Sozialismus. Am Kapitalismus klagt er nicht die Basis an, sondern inzwischen „überlebte" bürgerlich-idealistische und demokratische Vorstellungen. Seine Kritik erfolgt von rechts, vom Boden der bürgerlichen Beseitigung bestimmter überholter ideologisch-politischer Erscheinungen bürgerlichen Lebens. Immer wieder betont er, dass die Kultur Klassen, arbeitende Massen zur Voraussetzung hat, dass es nur auf dieser Grundlage Müßige, Herren geben könne. Immer wieder macht er sich zum Sprecher eines neuen Barbarentums, der starken Menschen, bringt er zum

Ausdruck, dass die künftige Tyrannei und die künftige Sklaverei noch schlimmer, um der höheren Kultur Willen noch härter sein müssen als die jetzige. Nietzsche ist philosophischer Vorläufer der Ideologie und Politik der antidemokratischen, der schamlosesten, schrankenlosesten Unterdrückung und Ausbeutung der „Vielen allzu Vielen"; der Macht der großen Persönlichkeiten.

Nihilismus

Nietzsche Schlüsselbegriff des Nihilismus oder der „décadence", seine Stoßrichtung gegen Rationalismus, Liberalismus, Demokratie und Sozialismus, selbst gegen den noch liberal eingefärbten Positivismus seiner Zeit, sein Plädoyer für einen Cäsarismus, sein Streben nach einer Umwertung der Werte im Sinne dieses Cäsarismus, so dass damit die gewaltige Steigerung der Unterdrückung und Sklaverei gerechtfertigt werden konnte, zeigt sehr deutlich, von welchem Boden aus Nietzsche ideologisch-politische Lebensformen des Kapitalismus kritisiert. Seine Sinngebung des Lebens und der Macht der Cäsaren forderte ungeheure Opfer von den Massen, rechtfertigte deren Leid. Seine Umwertung aller Werte diente diesem Zweck. Er ordnet die Arbeiterbewegung ein in die von ihm angenommene Kontinuität des Judentums, des Christentums - als Religion der Sklaven – bis hin zur Macht der Liberalen und schließlich in das Machtstreben niederen, entarteten Menschentums, als welches er den Sozialismus deutet, der den Herdentugenden zur Macht verhelfen wolle. Dagegen appelliert er an das Mitleid mit den Herren vor der Macht der All-zu-Vielen, verbindet er dies mit dem Angriff auf Christentum, Demokratie, Liberalismus, Sozialismus und auf die Frauenemanzipation (S. 369 f). Er sprach damit in hohem Maße damals aktuelle Stimmungen gerade in bestimmten bürgerlichen und kleinbürgerlichen Schichten an. Obgleich er kein einfacher Vorläufer der Faschismus ist, hat er Vorarbeit geleistet für die spätere Grundlegung der demagogischen Ideologie des Faschismus. Sein Ekel vor den banausischen Zügen der Bourgeoisie, der Ekel des Ästheten gegenüber der peinlichen Hässlichkeit des Schachers sprach viele an. Seine Worte gegen die gemeinste Lebensform, die es bisher gegeben habe, in der einfach das Gesetz der Not wirke, hat viele irritiert. Aber indem er diese scheinbare Kapitalismuskritik verknüpfte mit dem Rückgriff auf vergangene, sogar feudale Ideologien, indem er hin und wieder auch für die künftigen Herren solche tarnenden Termini wie neue Aristokratie der „Arbeit" prägte, hat er dem Pseudo-Antikapitalismus der Machwerke Spenglers, Jüngers, der Faschisten die Stichworte geliefert.

Mythen

Dies alles ist bei Nietzsche immer wieder eingeordnet in seine Methode, begriffliche Bewusstseins-Formen durch mythologische Bildhaftigkeit zu er- und zersetzen, eine schließlich das ganze spätbürgerliche Denken bis in linke Varianten hinein prägende Verfahrensweise. Ich verweise nur darauf, wie an die Stelle von Begriffen Mythen gesetzt wurden, z. B. Eros und Thanatos. Dementsprechend sieht er drei mythologische Prinzipen wirken: das Vernunftprinzip, das aufklärerisch-geistige Prinzip des Apollonischen, das rauschaft-zeugende Fruchtbarkeits-Prinzip des Dionysischen mit seinem Kreislauf von Zeugung und Tod, und das sokratische Prinzip des Optimismus der Wissenschaft, das Moral miteinander verbindet und sich im bürgerlichen Liberalismus, in Rationalismus, in seiner Annahme einer scheinbar streng stabilisierten Harmonie auswirke. Sein Kampf galt primär dem demokratischen Prinzip und er verbindet diesen Kampf mit einer Zurücknahme der bürgerlich-humanistischen Deutung des Griechentums, mit seiner Barbarisierung. Nietzsche ist damit der Begründer der allgemein spätbürgerlichen Tendenz der Zurücknahme - der Zurücknahme der kulturellen Entwicklung bis hinter die Klassik (schon bei Nietzsche, in der Philosophie, bis hinter die antiken Griechen von Anfang an, allerdings in unterschiedlichen Etappen), bis hinter die Reformation (katholische Reaktionäre), bis hinter Platon und Sokrates (Heidegger). Formen und Varianten solche Zurücknahme gibt es viele. Man findet sie über Nietzsche und

Sprenger hinaus in der thomistischen wie in existen-
tialistisch-theologischer Marxismus-Kritik - und großartig, literarisch meisterhaft gestaltet in Thomas Manns
„Dr. Faustus".

Innere Widersprüche

Nietzsches Grundkonzeption ist von tiefen inneren
Widersprüchen durchzogen. Der ewige Kreislauf macht
Neues, Fortschritt (auch jener zum künftigen Übermenschen) nicht möglich. Es steckt in Nietzsches Philosophie mit innerer Notwendigkeit die Auffassung, dass
letztlich alles Machtstreben sinnlos sei. Sein Versuch,
diesen Widerspruch aufzulösen, scheiterte daran, dass
seine bürgerlich reaktionäre Philosophie vom Geiste des
Pessimismus, der Sinnlosigkeit, der Ausweglosigkeit der
Bourgeoisie geprägt ist. Aber auch in erkenntnistheore-
tischen Fragen haben wir den Widerspruch. In vielen
Büchern müht er sich ab, um mit „wissenschaftlichen",
auch mit logischen Argumenten die Möglichkeit von
wirklicher Erkenntnis zu leugnen, dann aber will er Logik verurteilen. Von vielen „kleineren" Widersprüchen,
die sein Werk durchziehen und die Losurdo zeigt, noch
abgesehen.

Ein paar prosaische Worte sind unvermeidlich: Das
Werk Losurdos besteht aus sieben Teilen und zwei Anhängen (worin die verschiedenen Varianten der
„Entsorger" und Falsch-Übersetzer untersucht werden).
Die genannten Teile sind reich durchgegliedert. Es gibt
ein Personen- und Sachregister und, natürlich, die erforderlichen Literaturangaben.

Losurdo zeigt und beweist: Nietzsches Werk ist ein
Aufbäumen gegen den mit der Aufklärung, mit 1789,
begonnenen europäischen Entwicklungsgang, mit dessen demokratischen, aufklärerischen, volksbildnerischen
Aktivitäten, gegen die sozialistische Arbeiterbewegung,
gegen jegliche Form von Emanzipationsbewegung, aber
für die Züchtung eines neuen Adels, der die Fähigkeit
zur mitleidlosen Unterdrückung und Ausbeutung der
Massen besitzt. Losurdo, der Kommunist, der marxistische Gelehrte von europäischem Ausmaß, zügelt
seine dennoch vorhandene leidenschaftliche Ver- und

Beurteilung dieser verheerenden Lehren, so dass ihm die Möglichkeit bleibt, souverän wissenschaftliche Darstellung, Analyse und Kritik miteinander zu verknüpfen. Parteilichkeit und Objektivität schließen einander nicht aus. Ich weiß, sich ein solches imposante Werk vorzunehmen, und das in unserer Zeit, das ist nicht möglich, ohne zumindest partiellem „Verzicht": Es gelingt nicht ohne zeitweilig nur eingeschränkten „Genuss" der schriftlichen und elektronischen Arten der „Wissensvermittlung". Aber das gehört dazu, sich vom Gängelband der bürgerlichen Indoktrination zu lösen. Das ist nicht billiger zu haben. Aber ich denke, das sollte gesagt sein, um diesem Buch eine möglichst weite Verbreitung zu wünschen. Ihr, die ihr gegen jede Form der Barbarei ankämpfen wollt, habt mit diesem Werk eine starke, langwirkende Waffe in den Händen. Nutzt sie!

Zur Zeit der Drucklegung dieses Buches verfügbare Ausgabe:
Domenco Losurdo, Nietzsche, der aristokratische Rebell. Intellektuelle Biographie und kritische Bilanz. Zwei Bände, Argument Verlag 2009, ISBN 978-3-88619-338-7, 1 100 Seiten, 98,-Euro

Handelt es sich bei Marx, gelesen durch
die Brille der Frankfurter Schule, noch
um Marx?

Das interessante Thema anzugehen ist schwierig. Das hängt zusammen mit dem theoretischen Niveau der Hauptvertreter der Schule, aber auch mit dem geringen Wissen über solche Quellen wie: Schopenhauer im Werk Horkheimers, Nietzsche in jenem Adornos und Marcuses, Heidegger und Freud in dem von Marcuse.

Die Schule wirkt seit drei Generationen und das auch international. Zu gewissen Zeiten waren selbst die ideologisch-politischen Verteidiger des Kapitalismus an deren Verbreitung interessiert, da sie – die während des KPD-Verbots in unserem Land sich gewisse Verdienste dabei erwarb, marxistisches Gedankengut zu vermitteln – während der antikapitalistischen Aufbruchsstimmungen der sechziger und siebziger Jahre geeignet war, zusammen mit anderen links und rechts neben Marx angesiedelten Personen und Theorien die Aneignung des originären Marx (und Lenins) zu beeinträchtigen. Es war dies die Periode besonders massenhafter Verbreitung marxismus-revidierender Konzeptionen durch alle Großverlage (in einem Jahr erschienen solche Werke mehr als in Jahrzehnten zuvor zusammen genommen). *„Die Interpretation des Marxismus sei heute so kontrovers wie nie zuvor. So viele Varianten von Marxismus es gibt, so viele Varianten der Marxismus-Interpretation bestehen in der Gegenwart"* schrieb damals (1970) Günter Rohrmoser (*„Das Elend der kritischen Theorie", Verlag Rombach, Freiburg, S. 53)* Diese Konfusion lag sehr im Interesse der Verteidiger des Kapitalismus, erschwerte sie doch suchendem „Potential" die Orientierung. In der nach 1989 einsetzenden Periode der „Marx-ist-tot-Zeit" ebbte dies alles ab, um jetzt, mit einer Neubelebung des Interesses an Marx wieder verstärkt zu wirken. Dabei ist ein qualitativer Unterschied zu beachten: Damals war die Schule – objektiv! – Waffe im Kalten Krieg. Und das führte zu intensiven Auseinandersetzungen mit ihren Repräsentanten, die teils recht heftig waren. Ich schrieb zu Marcuse eine auch international beachtete Dissertation (Teile davon wurden beispielsweise auch in Griechenland und Argentinien veröffentlicht). Hans Heinz Holz setzte sich, allerdings „moderater" als ich, mit Marcuse und anderen auseinander. Das „Institut für

Marxistische Forschungen und Studien" in Frankfurt a. M. organisierte eine Tagung, an der auch Aktivsten der Schule wie Alfred Schmidt, Oskar Negt, Ernst Theodor Mohl und Alfred Sohn-Rethel teilnahmen. Die Tagung fand ein Echo bis in die Sendungen von BBC-London und führte zu einem Briefwechsel zwischen mir und Horkheimer. Meine Habilitationsschrift enthielt eine hundertseitige Analyse der Schule.

Heute gibt es diesen Kalten Krieg nicht, richtet sich die Wirkung der Schule dennoch wie damals vor allem an junge Menschen, die sich für Marx interessieren und so kann sie – muss das aber nicht! – fehlleiten. Dennoch bedeutet der Unterschied, dass die Auseinandersetzung mit der „kritischen Theorie", so wird sie auch benannt, heute anders als während der Zeit des Kalten Krieges erfolgen sollte.

Im Wirken der Schule kann man zwei große Etappen unterscheiden, die sich beide aus dem Verhältnis zum Marxismus ergeben. Die erste Etappe reicht von der Gründung 1922/23 bis etwa in das Jahr 1937, die zweite folgt darauf. In der ersten war die Nähe zum originären Marxismus größer, was man beispielsweise aus Horkheimers positiver Rezension zu Lenins *Materialismus und Empiriokritzismus"* sehen konnte. Damals arbeitete man mit Moskau an der Herausgabe der MEGA zusammen, suchte man beispielsweise, auch durch Genossen der KPD in Frankfurt a. M. unterstützt, nach noch unveröffentlichtem Material von Marx und Engels. Aber darauf will ich jetzt nicht eingehen. Nur darauf sei verwiesen, dass in dieser Periode das Werk des Mitinitiators der Schule, Georg Lukács *„Geschichte und Klassenbewusstsein"* (1922/3) eine wesentliche Rolle spielte. Dies ergab sich aus einer bestimmten Situation der sozialistischen Arbeiterbewegung, insbesondere der deutschen Sozialdemokratie. Wesentlich unter dem Einfluss von Kautsky und Hilferding bildete sich die Illusion, wegen der industriellen Entwicklung mit ihrem ständigen Anwachsen der Arbeiterklasse, zugleich mit deren zunehmend sozialistischer Orientierung, brauche man nur zu warten, um den Übergang zum Sozialismus zu erleben. Bebels Wort: „Den Sozialismus in seinem Lauf hält weder Ochs noch Esel auf!", war Ausdruck dieser Stimmung. Die Arbeiter-Bewegung, abgesehen etwa von den deutschen Linken, verkam zum Reformismus. Dagegen wandten sich junge Intellektuelle wie Max Adler, Karl Liebknecht, Georg Lukács und Gramsci. Der verwechselte damals Kautskys Konzeption mit jener des „Kapitals" und erklärte: Der russische Oktober sei eine Revolution gegen „Das Kapital".

Lukács, von der Lebensphilosophie (einem Gemisch aus Neukantianismus und Neuhegelianismus) herkommend, rückte gegen solchen Geschichtsmechanismus die revolutionierende Rolle des Bewusstseins ins Zentrum seines Buches: Dieses werde die Umwälzung des Bestehenden bewirken. Dieser subjektive Idealismus drang über das genannte Buch in die erste Entwicklungsetappe der Schule ein – und wurde Gegenstand heftiger Kritiken, von Lenin über Rudas bis Fogarasi. Dennoch: Die Repräsentanten der Schule bemühten sich in dieser Etappe um den engen Schulterschluss mit der marxistisch-kommunistischen Bewegung.

Woraus erklärt sich dann aber die Zäsur um 1937? In diesem Jahr finden sich bei Adorno noch sorgenvolle Äußerungen, Nazi-Deutschland könne die Sowjetunion binnen weniger Jahre angreifen. Doch kam es, im Gefolge der Moskauer Prozesse, zu einem tiefen Einschnitt. Dies wird besonders deutlich sichtbar in dem etwas später erarbeiteten Buch „*Dialektik der Aufklärung*" von Horkheimer/Adorno.

Das Wort ist bekannt: „Wer nicht vom Kapitalismus reden will, soll vom Faschismus schweigen!" Nun aber stellte sich für Horkheimer/Adorno die Sache so dar, dass solche Verbrechen, wie sie der Faschismus beging, auch in der sozialistischen Sowjetunion möglich sind, es folglich nicht genügt, den Kapitalismus in die Anklage zu versetzen. Man müsse tiefer loten: Wenn die Aufklärung, in deren Gefolge doch der Marxismus steht, derart in die Katastrophe führt, dann muss der Fehler in der Aufklärung selbst liegen. In der „*Dialektik der Aufklärung*" ist dies die zentrale Frage: Wie konnte es zum Umschlag von Aufklärung in Positivismus, in Mythologisierung des Faktischen kommen? Das Misslingen der Aufklärung wird auf Mängel in ihr selbst zurückgeführt, auf Verstrickung in blinde Herrschaft, in Bejahung des Bestehenden. (*M. Horkheimer/Th. W. Adorno, Dialektik der Aufklärung, Amsterdam 1947, S. 10*)

Dann ist z. B. Stalin-Kritik nicht hinreichend

Die These hebt den Zusammenhang zwischen Kapitalismus und Faschismus auf. Faschismus und sowjetische Entwicklung werden zu Parallel-Erscheinungen, darin steckt (objektiv) die Totalitarismus-Mythe (die es damals aber noch nicht gab). Der Ursachen-Komplex liegt in Mängeln der Aufklärung, also in Bewusstsein.

Wie ist das zu verstehen? Im Kern geht es in allen Varianten der Hauptvertreter der Frankfurter Schule von nun an um das Problem des Zusammenhangs von Herrschaft und Freiheit, das Marx, seiner Abkunft von Hegel wegen, nicht tiefgründig genug geklärt habe und wo folglich revidierend anzusetzen sei. Dies wird in verschiedenen Versionen angegangen.

Untersuchen wir diese Varianten.

In der „Dialektik der Aufklärung" haben wir ein dreigliedrige Struktur: Natur – befreite Menschheit – dazwischen der Geschichtsprozess, der von der Natur zur Freiheit führen sollte aber dies nicht tat. Wir haben am Beginn das Bemühen des Menschen, sich von der Herrschaft der Natur zu befreien. Dazu benutzt er zwei „Instrumente": den „Griff", verlängert als Werkzeug (die Technik) und den Begriff (die Vernunft). Beide kann er nur organisiert einsetzen. Das Ergebnis ist zwar Befreiung von der Herrschaft der Natur über den Menschen, dies aber führt zur Errichtung der Herrschaft des Menschen zunächst über die Natur, dann aber auch auf ihn selbst. Wie geschah und geschieht das? Und wie kann der Mensch sich davon befreien?

Hier nun müssen wir uns besonders Adorno zuwenden:

Im Gefolge Nietzsches sieht er im Begriff das Bemühen, unter Außerachtlassen des Einzelnen und Besonderen Identifizierungen herzustellen, also das Einzelne und Besondere der Herrschaft des Begriffs unterzuordnen, das Einzelne und Besondere zu annullieren! Das sei schon bei den alten Griechen begonnen, mit ihrer Entdeckung des Begriffs und seiner Rolle: „Sokrates ist ein Moment der *tiefsten Perversität* der Geschichte der Menschen." (*F. Nietzsche, Werke, Ausgabe Kröner, Band 78, S. 298*). Mit der Vernunft als Waffe sei der Pöbel zum Sieg gelangt (*ebenda, S. 299*). „*Die Annahme des Seienden* ist nötig, um denken und schließen zu können... Das Seiende gehört zu unserer Optik", (*F. Nietzsche, Band 16, S. 30*) Subjekt, Objekt, Prädikat seien gemacht, seien Vereinfachungen, um mit ihnen die Kraft, die schaffe, erfinde, denke, irgendwie zu kennzeichnen. In Wahrheit gehe es aber nur darum, das Vermögen, das Handeln, das Tun zu umschreiben. (*ebenda, S. 275, 61, 52*). Auch die Ratio, die Logik seien in Wahrheit nur subjektive Setzungen unseres Strebens nach Aneignung der Welt. Genau so werden Adorno und Marcuse unser Verhältnis zur Logik bestimmen, als Instrumente des Herrschaftswissens. Logik diene der Gleichmacherei im Dienste des Herrschaftsstrebens. Die alte Aufklärung sei im Dienste der demokratischen Herde auf Gleichmacherei aller orientiert gewesen. Die neue wolle den herrschenden Naturen den Weg zeigen (Nietzsche)

Und nun Adorno: „*Das Wesen wird durchs Résumé des Wesentlichen verfälscht ... Analog hätte Philosophie nicht sich auf Kategorien zu bringen, sondern in gewissem Sinne erst zu komponieren...*" (*Th. W. Adorno, Negative Dialektik, Frankfurt a. M., 1961, S. 41 f*). Adorno wendet sich gegen die Hegel'sche und gegen die Marx'sche Dialektik. Der Marx'schen wirft er vor, sich nicht wirklich von derjenigen Hegels befreit zu haben. Der Grund: Bei Hegel und Marx vollzögen sich die dialektischen Entwicklungsvorgänge unter der Wirkung eines primären Seins, bei Hegel der Idee, bei Marx der Materie. Beide Male würde das Konkrete einem jeweils herrschenden Allgemeinen unterworfen, worin sich theoretisch die gesellschaftlichen Unterordnungs- und Herrschaftsverhältnisse spiegelten. Wie in der Gesellschaft das Einzelne so wird dieses auch in der Logik dem Allgemeinen unterworfen. Einer geschlossenen Gesellschaft entspreche auch eine geschlossene Philosophie, den gesellschaftlichen entsprächen dann auch philosophische Rangordnungen. Die Grundlage hierfür sei das Gesetz der Identität: A = A. Wie in der Logik, so sollen auch in der Gesellschaft eindeutig bestimmte Verhältnisse herrschen, weil man sie nur so in den „Griff" und auf den Begriff kriegen, berechnen, beherrschen könne. Das Positive d.h. die bestehende Ordnung müsse zerstört werden. Dazu bedarf es der Negation. Wenn diese das Positive nicht bis auf den Grund zerstöre, etwas vom Vergangenen mit ins Neue nehme, es im Sinne Hegels „aufhebe", so bleibt Altes im Neuen erhalten, bleibt es beim alten Zustand. Darum müsse Negation so sein, dass es keiner Negation der Negation mehr bedarf *(ebenda, S. 160)*. Die Negation der Negation Hegels und Marxens sei schon positiv *(ebenda, S. 161, 383)*. *„Die Gleichsetzung der Negation der Negation mit Positivität ist die Quintessenz des Identifizierens, das formale Prinzip auf seine reinste Form gebracht. Mit ihm gewinnt im Innersten von Dialektik das antidialektische Prinzip die Oberhand, jene traditionelle Logik, welche more arithmetico"* (nach Art der Arithmetik) *„minus mal minus als plus verbucht."* *(ebenda, S. 159)*.

Es geht hier nicht darum, ob Adorno Hegel und Marx richtig versteht, sondern darum, dass so Entwicklung überhaupt unmöglich wird. Diese Leugnung der Möglichkeit von geschichtlichem Fortschritt führt notwendig zum Nihilismus: *„Aufwertung des Nihilismus"* sei eine *„Ehrenpflicht"* *(ebenda, S. 370 f)*.

Negativität bei Adorno wird dann zum konsequenten Denken gegen sich selbst *(ebenda, S. 142, 356)*. Jedoch gilt: Negiert man das „Allgemeine", dann ist alles „offen", nichts gesichert, nichts fest, aber auch nichts falsch! Da sind wir dann wieder bei Nietzsche angelangt: *„Nichts ist wahr, alles ist erlaubt."*, heißt es im „Zarathustra". Nötig sei folglich zur Befreiung eine Theorie, eine Dialektik des Nicht-Identischen, die Bewegung weg vom Begriff, hin zum Komponieren (Rolle der Kunst in Adornos Werk). Es müsse so negiert werden, dass vom Alten nichts mit in die befreite Menschheit hinüber genommen werden kann, denn das würde nur die Verlängerung des alten Herrschaftszustandes bewirken statt zur Freiheit zu führen.

Das ist eine „Dialektik" ohne Aufhebung. Eine „Entwicklung", die nur den Bruch, nur die Diskontinuität kennt. Wenn es aber im Alten nicht Ansätze des Neuen gibt, wie soll dann ein Weg zum Neuen, wie soll dann Praxis möglich sein? Wenn man das Dialektik nennt, so ist es eine gegen Hegel und Marx.

Zu Herbert Marcuse

Von seinem Lehrer Heidegger herkommend ist bei ihm Technologie das beherrschende, die ganze Gesellschaft prägende Prinzip. Marcuse geht von der Einheit von Produktiv- und Destruktivkraft aus und folgert: Zuwachs von Rationalität im Einzelnen bedeutet Zuwachs der Irrationalität des Ganzen. Je mehr Produktivität und damit je mehr sich die Überflussgesellschaft herausbildet, desto größer wird die Destruktivität des Ganzen. Der Überfluss saugt die negativen Potenzen in der Arbeiterklasse auf, die integriert wird und damit der Fähigkeit verlustig geht, Subjekt der Revolution zu sein. Damit kommt die Dialektik der Negativität zum Stillstand. Marx habe dies nicht gründlich genug gesehen, weil er noch – auch hier die These – zu sehr im Banne Hegels stand.

Die „Geschichte" der Zersetzung und Zerstörung von Klassenbewusstsein und möglichem Klassenhandeln wird allein aus der kapitalistischen Produktion erklärt, der Opportunismus und Reformismus, auch die linksradikalen Fehler, die allesamt negativ auf das Klassenbewusstsein und Klassenhandeln einwirkten, werden ausgeklammert, damit „entschuldigt"!

Das Unvermögen des realen Sozialismus und der realen Arbeiterbewegung zum totalen Bruch mit dem Vergangenen hänge damit zusammen, dass der Marxismus gegenüber der alten Welt nicht genügend kritisch, nicht genügend negativ und hinsichtlich der zukünftigen Ordnung nicht genügend utopisch wäre bzw. sei (*H. Marcuse, Vernunft und Revolution, Nachwort von 1954, Neuwied-Berlin 1962, S. 369 ff*). Dies hänge mit der Abkunft Marxens, insbesondere seiner Dialektik, von Hegel und mit einem ungenügend ausgebildeten Materialismus zusammen. Die ungenügende Dialektik drücke eine Beziehung zum Bestehenden und damit zur Befreiungsbewegung aus, die eine wirkliche Revolution verhinderte, weil sie ein ganz wesentliches Problem übersähe: dass alle Revolutionen ihren Thermidor hätten, einen Punkt erreichten, da sie in ihr Gegenteil, und die Wiederrichtung der Unterdrückung umschlügen (das wird als eine Art mechanisch wirkender Gesetzmäßigkeit eingeführt – von „negativen Dialektikern"!), weil es keine totale Revolution vor der Revolution gegeben habe, das heißt eine offenbar in jedem Individuum vorhandene Bereitschaft nicht zuvor zerstört hätten, sich weiterhin unterwerfen zu lassen oder zu unterdrücken (*H. Marcuse; Psychoanalyse und Politik, Frankfurt a. m. 1968, S. 46 f*). Es müsse also eine andere Form von Negation entwickelt werden, ein anderes Verhältnis zur gesellschaftlichen Gesamtheit (zur Totalität) zusammen mit anderen Auffassungen über den dialektischen Widerspruch (*H. Marcuse, Kritische Theorie der Gesellschaft, Frankfurt a. M. 1969, S. 185 ff*). Es müsse über den historischen Materialismus weiter geschritten werden zu einer Analyse der Triebstruktur des Individuums, zu einer „Ergänzung" Marxens durch Freud (*H. Marcuse, Triebstruktur und Gesellschaft, Frankfurt a. M. 1965*).

Dies führt zu folgender Konzeption: Aus dem Widerspruch zwischen unseren unersättlichen Trieben und einer kargen, lebensfeindlichen Umwelt ergibt sich notwendig ein Triebverzicht. Er bewirkt (darin enthalten ist Freuds Definition von Sexualität als Lustgewinn aus Körperzonen), dass der nicht-genitale Bereich unseres Körpers frei wird zur Arbeit, die von Lust getrennt ist. Daraus entspringe unsere Produktivität, unsere Kultur und Technik, die allesamt durch das Merkmal des Triebverzichts, der Unterdrückung geprägt seien. Das erreiche auch unser Denken, das nur in den Dimensionen des verunstalteten Denkens und Wirkens stattfinde. „*Der Logos kündigt sich als Logik der Herrschaft an. Wenn die Logik dann gedankliche Einheiten zu Zeichen und Symbolen reduziert, sind die Denkgesetze schließlich zu Techniken der Kalkulation und Manipulation geworden.*" (*H. Marcuse, Eros und Kultur, Stuttgart 1957, S. 113*). Hier wirkt Nietzsche, aber auch Horkheimers verwirrender Aufsatz über „Traditionelle und kritische Theorie" nach, in welchem die naturwissenschaftliche Arbeitsmethode und die ganz andere philosophische durcheinander gebracht wurden. Wird, wie bei Adorno, materiell-gesellschaftliche Herrschaft aus der Logik abgeleitet, so haben wir ein klassisch idealistisches Vorgehen.

Infolge der triebstrukturellen Deformation könnten wir nur in eindimensionaler Weise denken, was sogar für die Revolutionäre gelte. Das sei der Grund für das Misslingen der Revolution, denn in ihrem Ergebnis entstehe nur, was ebenfalls durch diesen Triebverzicht geprägt sei. Revolution erfordere also Revolution unserer Triebstruktur, Befreiung setze die Bildung eines neuen Menschen (in der bestehenden Gesellschaft!) voraus. Während der Sommerschule 1968 in Korcula sagte Marcuse: *„vor der sozialen müsse eine Revolution im Menschen stattfinden, ein 'radikaler' Wandel aller Aspekte des Menschen."* Es gehe um eine wirkliche Umwertung aller Werte (auch da sind wir wieder bei Nietzsche angelangt), eine Rebellion der Instinkte.

Die „Ergänzung" des historischen Materialismus findet also statt in einer biologisch-triebstrukturellen Revision des Marxismus, und diese Revision betrifft alle Grundbestandteile der Dialektik. Sie verlegt die Wurzeln der Aggression aus dem Gesellschaftlichen ins Individuelle, verwechselt die ohne Zweifel in jedem Individuum vorhandene Fähigkeit und Bereitschaft zur Aggression mit der gesellschaftlichen Aggression, die ganz andere als individuelle Wurzeln hat (was Marcuse wusste). Das läuft – objektiv – auf eine Entschuldigung des Kapitalismus hinaus.

In dieser „Dialektik" haben wir Negation ohne Kontinuität zwischen dem Neuen und dem Alten. Totale Zerstörung des Alten bedeutet dann aber auch Hinweg mit den im Kapitalismus entstanden Produktivkräften und anderen Errungenschaften bis hinein in die Kultur. Unter diesen Bedingungen kann die Kraft der Negation nicht mehr innerhalb des Systems wirken, sie muss außerhalb gesucht werden (*H. Marcuse, Kritische Theorie der Gesellschaft, Frankfurt a. M. 1969, S. 189*). Die Arbeiterklasse ist nicht mehr Subjekt des Fortschritts, sie wird beschuldigt, nicht die Arbeiterbewegung, nicht deren „Anteil" in Politik und Ideologie bei der Zerstörung des Klassenbewusstseins. Als ob die an die Stelle der Arbeiterklasse tretende Intelligenz frei wäre von all den entfremdenden Wirkungen des Kapitalismus. Inzwischen hat sich aber doch gezeigt, wo jenes Personal, auf das Marcuse und andere setzten, schließlich angekommen ist: Auf verschiedenen direkten oder Umwegen im Schoße des Kapitalismus. Wirke es nun direkt als Stütze des Systems, oder habe es sich darauf beschränkt, grün-alternativ das Ganze zu reformieren – was zwar nicht unwichtig ist, aber doch mit Revolution nichts zu tun hat.

Habermas

Es ist einer der Grundfehler nicht nur von Habermas, sondern der gesamten Frankfurter Schule, dass sie die technische Produktionstätigkeit aus der Praxis ausklammert. Sie verstehen sie nicht als Praxis, sondern als Technik. Aber auch Technik ist Praxis, Produktionspraxis. Bei Habermas wird Praxis immer mehr auf „Interaktion" reduziert. Er bewegte sich in der Revision des Marxismus unter den Frankfurtern wohl am weitesten weg von Marx. Die materialistische Geschichts- und Gesellschaftsauffassung sei überholt, Staat und Gesellschaft nicht mehr getrennt (aber damit meint er nicht, dass es einen Staatsmonopolistischen Kapitalismus gebe), der Klassenbegriff nicht mehr ergiebig, Marx Verständnis des Proletariats unzutreffend, die Ideologie-Konzeption auf die heutige Gesellschaft nicht mehr anwendbar. Die Revision sieht dann so aus: Zu untersuchen sind die Bereiche des Überbaus und zwar insoweit, wie sie zur Steuerung des Gesellschaftlichen nötig und fähig sind. Das drückt sich schon von früh an in seinen Buchtiteln aus: „Strukturwandel der Öffentlichkeit", „Erkenntnis und Interesse", „Technik und Wissenschaft als Ideologie". Solche Lenkungs- und Steuerungsmechanismen zu erforschen wurde auch zur Aufgabe seines Wirkens am Max-Planck-Institut. Denn er vermisst im heutigen Kapitalismus die Fähigkeit, die Gesellschaft zu steuern und sieht seit Anfang seines

Wirkens die Aufgabe, hier Abhilfe zu schaffen. Dementsprechend möchte er die zentralen Kategorien der Öffentlichkeit in den Griff bekommen, hält er Aufklärungsarbeit über unverzerrten Markt und freie Konkurrenz samt Äquivalenten-Austausch für Lösungsansätze. Seine Aufmerksamkeit gilt den Bereichen „technischer" Steuerungsmethoden, des Überbaus, der Ideologie, der Zirkulation. Die Produktionsverhältnisse werden ignoriert oder „neu formuliert". Aus der zunehmenden Rolle und Bedeutung von Wissenschaft und Technik im heutigen Kapitalismus – in dieser Gesellschaft gingen sie eine enge Verbindung ein – folgert er, diese seien die Hauptproduktivkraft und folglich seien die Intellektuellen die wirklichen Träger des gesellschaftlichen Fortschritts. Das führt dann zu der spezifischen Form, wie er sich das Werk der Befreiung vorstellt: Im Grunde trifft er sich da mit dem ansonsten heftig befehdeten Karl Popper, indem nämlich der „herrschaftsfreie Dialog" dazu befähigen soll, die rationalen, erforderlichen Lösungswege für Probleme zu finden. Das Herausfinden von Bedingungen zu Problemlösungen erfolgt im Gespräch der Wissenschaftler. Da wird die Gelehrtenrepublik mit der Gesellschaft verwechselt, diese Republik als ein interessenfreier Verein verstanden, der sich außerhalb der realen gesellschaftlichen Widersprüche verständigt, es wird allein auf die Kommunikationsfähigkeit der Wissenschaftler vertraut. Als ob es unter diesen, um nur ein Beispiel zu nennen, nicht Konkurrenz um „Staatsknete" gebe!

Unter Arbeit versteht Habermas das Handeln mittels Instrumenten. Dies wird aus gesellschaftlichen Zusammenhängen herausgelöst. Instrumentelles Handeln hat es nur mit Körpern zu tun, die Interaktion zwischen den Menschen, ihr kommunikatives Wirken ist davon abgetrennt. Dies habe Marx nicht gesehen, woraus sich ein heimlicher Positivismus im Marxismus ergebe. Wir sind wieder bei der mythischen Redensart angekommen: Marx habe deshalb den wirklichen Zusammenhang von Herrschaft und Ideologie nicht wahrgenommen, der nicht dem instrumentellen Handeln, sondern der Interaktion entstamme.

Das ist eher ein Zeugnis dafür, dass Habermas sich nicht wirklich in die Arbeiten von Marx hineingewagt hat. Schon sehr früh ist bei Marx zu lesen: „Denn erstens erscheint die Arbeit dem Menschen als *Lebenstätigkeit*, das *produktive Leben* selbst als *Mittel* zur Befriedigung eines Bedürfnisses, des Bedürfnisses nach Erhaltung der physischen Existenz. Das produktive Leben ist aber das Gattungsleben. Es ist das Leben erzeugende Leben." (*K. Marx/F. Engels, Ergänzungsband, Teil 1, S. 516*). Wo ist da Arbeit auf das Behandeln von Körpern mittels Instrumenten beschränkt? Wo fehlt da die Kommunikation? Die Gattung, die Lebenserzeugung – das ist hier und an anderen Stellen bei Marx und Engels auch im Sinne der Nachkommen-Reproduktion gemeint. Das alles ohne Kommunikation? Die „Ökonomisch-philosophischen Manuskripte" entwickeln einen den Bereich des Ökonomischen begründenden, anthropologischen Arbeitsbegriff – wie kann man dann Marxens Arbeitsbegriff so zerreißen, wie dies Habermas tut, hat er diese hoch bedeutenden Manuskripte, sie stellen doch Gründungsdokumente des Marxismus dar, etwa gar nicht gelesen?

Schlussbemerkung: Ungeachtet ihrer in Einzelforschungen durchaus vorliegenden Verdienste, sofern es um ihren Anspruch geht, Marxisten zu sein, musste ihr Wirken nicht an den Einzelergebnissen geprüft werden. Die Repräsentanten der Frankfurter Schule verstanden und verstehen sich alle als Marxisten. Also musste man ihr Wirken am Marxismus messen. Das Ergebnis lässt sich dabei so zusammenfassen: Marx ist in wesentlichen Belangen zu korrigieren. Der Hauptsache nach ist sein Verständnis von Herrschaft und Freiheit, weil im Gefolge Hegels verstanden, unzureichend. Der Kern ist sein nicht in die Tiefe des Problems vordringendes Verständnis des Problems der Negation, also der Dialektik. Seine Auffassung vom sozialen Träger des Emanzipationskampfes hat sich nicht bewahrheitet, muss also korrigiert werden. Das Subjekt des Emanzipationskampfes ist die Intelligenz.

Dem Wesen nach ist das eine solche Absage an Kernbestandteile des Marxismus, dass hier nicht mehr von Marxismus die Rede sein kann!

1. Darüber und über die Verbreitung marxismus-revidierender Schriften durch Großverlage, über die Reaktion dazu in den Medien – etwa der „Frankfurter Allgemeinen Zeitung" – über die erstaunliche Tatsache, dass selbst Industriellen-Verbände sich gezwungen sahen, zur Schulung ihrer Manager marxismus-kritisches Material verbreiten, sodann über den Umfang marxistischer Auseinandersetzungen mit solchen Bemühungen, darunter auch der Frankfurter Schule, habe ich in meinem kleinen Büchlein „Kommunistische Stand- und Streitpunkte" (*Schkeuditz 2002*) ausführlicher geschrieben.

2. Es ist ein Kuriosum: Die „Sammelstelle" solchen Materials für die Moskauer MEGA befand sich damals in der Frankfurter Meisengasse 11. Als in den siebziger Jahren des vorigen Jahrhunderts die „Marxistischen Blätter" ein Domizil suchten, fanden sie es, ohne dass die Redaktion oder der Vermieter davon wussten: Das Haus, in das die Redaktion nun einzog, lag in der Meisengasse 11!!

Aristoteles und der intelligente Designer

Vor Jahren setzte der österreichische Kardinal Schönborn die Redeweise vom intelligenten Designer in die Welt und löste damit ein regelrechtes Geräusch im Blätterwald aus. Manche schüttelten nur den Kopf. Als Thüringens Ministerpräsident Althaus sogar meinte, ein Buch zu diesem Thema müsse in den Biologie-Unterricht eingeführt werden, gab es Protest. Eine ganze Schar von Wissenschaftlern machte sich daran, die zur Stützung der These vorgebrachten Argumente zu zerpflücken. So geschehen etwa in einer Wissenschaftsbeilage der „Frankfurter Allgemeinen Zeitung" vom 4. Januar 2009. Georg Rüschemeyer zeigte da gegen das Lieblings-Argument teleologischer „Beweisführung", dass da ohne Wissen geredet wird – was ja keine bloß theologische Besonderheit ist. Dieses Lieblingsthema besagt, die Konstruktion des menschlichen Auges sei so kompliziert und einmalig, dass so etwas mit rechten Dingen nur unter der Voraussetzung eben eines Designers – die modern-modische Umschreibung Gottes – möglich sei. Rüschemeyer und andere zeigen, dass die Biologie dies Problem seines „Geheimnisses" entschleiert hat. Ich möchte aber wetten, dass gar mancher Naturwissenschaftler, der auf diesem Gebiet sich gegen den laienhaften Eingriff in das Gebiet der Wissenschaft wehrt, sobald er dieses Gebiet verlässt und sich jenem der Weltanschauung/Religion zuwendet, gar nicht merkt, dass er im letzten Grund eben auch an den intelligenten Designer glaubt. Ich habe das sogar einmal richtig erlebt, als man Manfred Eigen, Nobelpreisträger auf seinem Gebiet fragte, ob denn nicht seine Entdeckung der Religion widerspräche, er meinte, das sei dann nicht so, wenn man voraussetze, dass diese Gesetze im Schöpfungsplan Gottes vorgesehen seien. Also: Auf dem einen Gebiet Zerstörung religiöser Positionen, auf dem anderen Gebiet deren Anerkennung und das in ein und derselben Person.

Und das ist gar nicht verwunderlich, denn ein recht großer (nur ein großer?) Teil unter uns Normalbürgern glaubt – oft ohne es zu wissen – auch an den intelligenten Designer, und der Kardinal hätte das nur in eine modische Redeweise gekleidet. Wie das zugeht, kann jeder an sich selbst prüfen. Wohl jeder stellt sich bisweilen die

Frage, wie das mit der Welt so sei, woher sie komme, wohin sie gehe, wie sie entstanden sei usw. usf. Wer nicht so fragt, lebt ganz einfach dumm und stumpfsinnig so vor sich hin. Aber bei dem Suchen nach der Antwort auf diese Frage stößt man notgedrungen auf die Kausalität: Alles, was existiert, hat einen Grund oder eine Ursache, warum es existiert. Das ist eine Gemeinsamkeit bei religiösen und a-religiösen Menschen, denn ohne die Annahme des Ursache-Folge-Verhältnisses ist Denken nicht möglich.

Und das geht dann so weiter: Diese Ursache hat doch selbst wieder eine usw. usw. Nur, das kann doch nicht ohne Ende so fortlaufen, denn das liefe doch darauf hinaus, dass es keinen Grund für das Entstehen von Ursachen und Ursache-Folge-Ketten gäbe. An dem Punkt würde das Kausalverhältnis verschwinden, also die ganze Grundlage dieses Denkprozesses sich in Nichts auflösen. Übrigens meinen heute ziemlich viele Menschen, dass unsere Welt aus einem „Urknall" hervorgegangen sei, also einem ersten Anfang. Auch da haben wir schon wieder einen logischen Fehler: Das, was geknallt haben soll, muss zuvor doch schon – egal in welcher Weise – da gewesen, also ein „Ur" vor dem „Ur" gewesen sein.

Es gibt noch eine analoge Vorstellung, dass die Ursachen-Folge-Reihe sich irgendwie in einem Kreis zusammenschließe, also – so der Volksmund – die Katze sich am Ende in den eigenen Schwanz bisse.

Also: Es muss einen Anfang des Anfangs geben, ist das nicht einleuchtend? Und ob man diesen Anfang dann Gott, oder mit Hegel Idee, oder mit dem Kardinal intelligenten Designer nennt, das ist doch nur eine Frage der Terminologie. Und auf diesem Niveau des Denkens sind so ziemlich viele unter uns.

Wie verläuft der Gedankengang bei dem großen Aristoteles? Genau in der oben angedeuteten Weise. Er geht vom Ursache-Folge-Verhältnis aus. Alles, womit wir es zu tun haben, ist bewegt. Es hat seine Bewegung durch eine Ursache, die selbst bewegt ist. Und das geht so bis zu jenem Punkt, wo dann der Schluss folgt: Dies kann nicht ursachlos in der Luft hängen, also muss es als Anfang einen unbewegten Erstbeweger geben (sonst wäre ja zu fragen, woher er seine Bewegung hat). Wie der unbewegte Erstbeweger anderes bewegt haben soll, ohne sich zu bewegen, bleibt dabei ein Rätsel. Oder: Alles hat einen Zweck, der wurde ihm von einer zwecksetzenden Ursache zuteil, auch das geht wieder zurück zum Anfang, der dann ein zweckloser erster Zweckgeber ist. Aristoteles entwickelte mehrere solcher „Beweise" und Thomas setzte nur das Wort Gott an jene Stelle, wo Aristoteles den Erstbeweger hingestellt hatte, und die Gottesbeweise waren fertig. (*Genaueres lese man nach in Huonder, Q. Die Gottesbeweise, Stuttgart/Berlin/Köln/Mainz 1968; Robert Steigerwald, Abschied vom Materialismus?, GNN-Verlag, Schkeuditz 1999, S. 327 ff*)

Die Beweise haben alle den gleichen logischen Aufbau: Eine erste Prämisse geht von der Bewegung (oder vom Zweck usw.) aus. Der folgt eine zweite Prämisse, in der aber das zu Beweisende stets bereits enthalten ist, nämlich in der These, es könne nicht bis ins Unendliche fortgeschritten werden: Damit wird also der Anfang schon hinein genommen, was logisch nicht erlaubt ist. Zweitens wären logische Beweise noch keine Existenzbeweise. Aus der Tatsache, dass es logisch widerspruchsfrei möglich ist, verschiedene Geometrien zu konstruierten, folgt über die Realität der Geometrie gar nichts. Drittens macht Kant darauf aufmerksam, dass es in der Mathematik durchaus unendliche „Reihen" gibt, also die scheinbar logische Begründung des notwendigen Anfangs einer Reihe logisch nicht einsehbar ist.

Gehen wir über zu Isaac Newton. Der konnte sich die Welt mit ihren Bewegungen und Gesetzen nicht vorstellen, ohne dass es einen göttlichen Ursprung gab, der dieser Welt die Bewegung – fast so, wie ein Jemand, der das Uhrwerk einer Uhr aufzuziehen hat – erst durch eine Art ersten Anstoßes mitgeteilt hat.

Erst ein weiterer Großer im Reich der Philosophie, nämlich Kant, hat diesen Gordischen Knoten aller "rationaler Gottesbeweis" zerschlagen. Er hat mit der ihm eigenen Gründlichkeit alle die Argumente geprüft. Danach geraten wir bei den Versuchen, mittels der Vernunft Urteile über das Weltganze zu treffen, unvermeidlich in

Widersprüche und darum müssten solche Versuche an den Möglichkeiten und Unmöglichkeiten unserer Vernunft scheitern. Damit waren für ihn die verschiedenen Arten von Gottesbeweisen „erledigt". Was nun wiederum einen anderen großen Philosophen, Hegel mit Namen, dazu veranlasste, gerade im und aus dem Widersprüchlichen heraus Welt und Wissen von ihr zu erklären.

Ich sprach einleitend davon, dass es für die teils ironische Ablehnung der Thesen des Kardinals zwei Gründe gab und habe hier den einen untersucht, der diese erste Ableitung der Existenz Gottes durch den Kardinal widerlegt. Es ist immerhin zu beachten, dass hier – wenn auch aus heutiger Kenntnis – mit unzureichender Logik gearbeitet wurde und dass selbst so Große im Reich des Geistes wie Aristoteles und Newton, von weniger bedeutenden Personen ganz zu schweigen, diese erste „Begründung" der Existenz Gottes akzeptierten. Ich denke, das sollte von vorschneller Häme über diese Konzeption abhalten. Und es sollte auch verständlich machen, weshalb so viele Menschen, die sich ansonsten gar nicht für religiös halten mögen, von solcher „Logik" geleitet am Ende doch bei Gottesvorstellungen landen. Statt Häme und Spott ist es nötig, sich mit ordentlichen widerlegenden Argumenten zu wappnen.

Damit ist aber die zweite Art solcher Behandlung des Gottesproblems durch religiöse Menschen noch nicht getroffen. Es handelt sich um die aus dem christlichen Fundamentalismus (vor allem der USA und dort bereits seit dem Ende des 19., Jahrhunderts hervorgehende) Bewegung des sogenannten Kreationismus. Man kann eine enge Verwandtschaft des Kreationismus mit der These des Kardinals nachweisen. Denn auch der Kreationismus fußt letztlich auf der teleologischen „Argument-Kette". Wie auch bei Aristoteles heißt es: Die unendliche Vielzahl so unterschiedlicher Lebewesen und ihrer komplizierten Organe ist gar nicht denkbar ohne eine zwecksetzende erste Instanz, also Gottes. Dass Variationen dieses Kreationismus, insbesondere solche, welche die Bibel ganz ernst nehmen und einen Weltschöpfungsprozess vor etwa 6 000 Jahren annehmen, leicht als Humbug zu erledigen sind, entbebt uns nicht der Notwendigkeit zutreffender Widerlegung.

Solche Variationen gibt es, die leicht als Humbug zu erkennen sind. Wirft man diese mit der Konzeption des Kardinals einfach zusammen, so begegnet man auch dem Kardinal mit Spott. Ich hoffe, gezeigt zu haben, dass die Dinge dennoch ernster liegen. Schon darum, weil viele Menschen, allzu viele, letztlich auf der gleichen Ebene denken wie der Kardinal.

Nun gehen wir aber einen Schritt weiter.

Diese seriöseren Verfechter des Gottesglaubens, wie auch wir materialistischen unter ihren Gegnern gehen davon aus, dass es eine Realität außerhalb des menschlichen Bewusstseins gibt. Darum nennen sie ihre Konzeption Realismus, auch kritischen Realismus. Dies in bewusster Abgrenzung vom Materialismus. Wichtig ist hier: Sie reden vom „menschlichen Bewusstsein", als ob es auch anderes Bewusstsein gäbe. Denn in dem Moment, wo ich die Existenz eines außermenschlichen Bewusstseins anerkenne, also eines objektiven Geistes, hat man Gott in die Debatte hereingeholt und die Debatte geht genau zu jenem Punkt zurück, den wir schon abgehandelt haben.

Wie ist mit diesem Problem umzugehen?

Dazu mache ich einen großen Sprung und lande bei Lenin, mitten in seinem „Philosophischen Nachlass".

„Die beiden grundlegenden (oder die beiden möglichen? Oder die beiden in der Geschichte zu beobachtenden?) Konzeptionen der Entwicklung (Evolution) sind: Entwicklung als Abnahme und Zunahme, als Wiederholung, und Entwicklung als Einheit der Gegensätze (Spaltung des Einheitlichen in einander ausschließende Gegensätze und das Wechselverhältnis zwischen ihnen).

Bei der ersten Konzeption der Bewegung bleibt die Selbstbewegung, ihre treibende Kraft, ihre Quelle, ihr Motiv im Dunkel (oder diese Quelle wird nach außen verlegt – Gott, Subjekt etc.). Bei der zweiten Konzeption richtet sich die Hauptaufmerksamkeit gerade auf die Erkenntnis der Quelle der 'Selbst'-bewegung.

Die erste Konzeption ist tot, farblos, trocken. Die

zweite lebendig. Nur die zweite liefert den Schlüssel zu der 'Selbstbewegung' alles Seienden; nur sie liefert den Schlüssel zu den 'Sprüngen', zum Abbrechen der Allmählichkeit, zum Umschlagen in das Gegenteil', zum Vergehen des Alten und Entstehen des Neuen." (W. I. Lenin, Werke, Band 38, S. 339)

Das ist doch Hegel! Ja, natürlich, das ist Hegel, Lenin hat das anlässlich seines Hegel-Studiums notiert, freilich Hegel ohne Idealismus! „Aufgehobener" Hegel. Und dies ist dann der prinzipielle Punkt in der Auseinandersetzung zwischen materialistischem und idealistisch-religiösem Herangehen an die objektive Realität. Und indem ich zu zeigen versuchte, dass man die idealistisch-religiöse Herangehensweise zwar glauben, aber nicht wissenschaftlich begründen kann, ist auf diese Weise das Thema intelligente Designer in all seinen Varianten abgeschlossen!

Offener Brief an Dr. Reinhard Marx,
Erzbischof von München

Sehr geehrter Herr Erzbischof,

ich hoffe, Sie akzeptieren diese bürgerliche Anrede.

Es war zur Weihnachtszeit, dass ich in eine Sendung des Bayrischen Fernsehens geriet und dort ein Gespräch zwischen Ihnen und Frau Reiber anhörte. Da ich aus Medien um ein von Ihnen unter dem Namen Marx veröffentlichtes Buch mit dem Titel „Das Kapital" wusste, war ich gespannt, ob und wenn Ja Sie im Gespräch auf das Buch zu sprechen kommen würden, was ja auch geschah. Zu dem, was da in Vorankündigungen mitgeteilt wurde, fehlt – so meine Vermutung- noch das „dikke Ende". Und dies kam ja dann auch im Gespräch mit Frau Reiber: Nach dem Ausdruck der Achtung vor der Person Ihres Namensvorgängers folgte das in aggressiver Tonlage vorgetragene Verdammungsurteil des Marxismus/Kommunismus. Nun, so muss das auch sein, wenn ein Kirchenfürst sich zum Marxismus äußert. Der jetzige Papst hat es unlängst vorgemacht, als er Marxens intellektuelle Kraft lobte und gleich danach den Sozialismus/Kommunismus verurteilte. Auch Heiner Geisler (der aber immerhin bei Attac mitwirkt) hat, als er den Kapitalismus verurteilte, dem Urteil zugefügt, der Sozialismus sei auch nicht besser. Der Verurteilung des Kapitalismus folgt der Spruch: Was nachher kommen könnte, wird auch nicht besser, man sollte es also doch einfach beim Gegenwärtigen bleiben lassen. Auch so kann man das „Ende der Geschichte" preisen, den Kapitalismus verteidigen.

Mir fällt bei solchem Gerede immer einiges aus Ihrem „Parteiprogramm" ein. Wenn also Jesus von jenen sprach, die den Splitter im Auge des anderen und den Balken im eigenen nicht sehen, oder wenn er vom Pharisäer sprach, der sich dafür lobte, nicht so zu sein wie der Zöllner, oder, um noch ein drittes Beispiel anzuführen, Sie kennen ja all diese Stellen: Wer unter Euch frei sei von Schuld, der hebe den ersten Stein.

Ja, sie alle haben Recht, wenn sie den Sozialismus/ Kommunismus wegen Untaten anklagen, die in seinem Namen begangen worden sind, und wir Kommunisten, – auch die später Geborenen, ich bin einer von ihnen, – wollen nicht, wie dereinst der Christ Helmut

Kohl, die Gnade der späten Geburt beanspruchen. Wir stellen uns unserer Geschichte und wissen, welchen Ballst wir neben den unbestreitbaren Erfolgen und Leistungen mitzutragen haben. Aber dies muss doch gesagt werden: Ohne diese Leistungen wären wir im Faschismus versunken. Sie ermöglichten den Sieg über Hitler. Und die „Westmächte" haben, durchaus im Verein mit dem Vatikan (ich komme darauf noch zu sprechen), kräftig daran gearbeitet, den Sieg Hitlers über jenen Bolschewismus zu erzielen, dem wir doch letztlich die Befreiung vom Faschismus verdanken.

Nehmen wir ein Beispiel. Die USA und die Bundesrepublik – auch die anderen „westlichen" Staaten – werden von Persönlichkeiten regiert, die sich bekennende Christen nennen. Ganz schlimm steht es in dieser Hinsicht um den wahrlich bigotten Kriegstreiber und Lügenpräsidenten der Vereinigen Staaten, auf dessen Konto einige Hunderttausend Tote Iraker gehen. Frau Merkel kann es ihrem Vorgänger im Bundeskanzler-Amt, Schröder danken, dass sie nicht in den Strudel dieses Krieges und Mordens mit hinein gezogen wurde, denn das wollte sie ja.

Indem ich dies schreibe, tönt Frau Merkel, für das derzeitige terroristische Massaker Israels im Gaza-Streifen sei allein die Hamas schuld, als ob sie nicht wüsste, dass es all die Opfer im Nahen Osten schon längst nicht mehr gäbe, würde Israel sich nicht ständig der völkerrechtlichen Verpflichtung entziehen, endlich die Zweistaatenlösung einzurichten: Denn Israel allein hat dazu als Besatzungs-Macht die Pflicht und die Macht, Israel allein. Aber Frau Merkel macht sich zur Bauchrednerpuppe der reaktionären und terroristischen Führung Israels!

Wechseln wir das Thema. Wenn Banken in Schwierigkeiten geraten, werden mal so mir-nix-dir-nix Billionen „locker" gemacht, aber dass allein im vergangenen Jahr 9.5 Millionen Kinder in der Dritten Welt verhungerten, dass nach Berechnungen von Organen der Welternährung 6 Milliarden Dollar genügt hätten, dieses Kindersterben zu verhindern oder dass, wenn es um Geld für die Dritte Welt geht, die „christlichen" Regierungen der „ersten Welt" wie Basarhändler feilschen und dann nur einen Bruchteil von einem Prozent des Bruttosozialprodukts zur Verfügung stellen, das ist ein Verbrechen.. Jährlich begangen an Millionen von Kindern. Rechnen wir noch auch die verhungernden Erwachsenen hinzu. All jene, die an vermeidbaren Seuchen nur darum krepieren, weil das dazu nötige Geld (siehe Banken) zwar vorhanden wäre, aber nicht eingesetzt, nicht bereitgestellt wird. Denn solcher Einsatz brächte keine Profite. Sie alle zusammen, das sind in jedem Jahr so viele Toten, wie während all der fünf Jahre des zweiten Weltkrieges zusammen genommen: Nämlich fünfzig Millionen. Dies ist der Preis, den die Menschheit für die Fortsetzung des Kapitalismus – in dem die „westliche Wertegemeinschaft" das Sagen hat – bezahlt. Wo ist der Fluch der Kirchenführer?

Aber es gibt ja auch eine Geschichte. Hier einiges aus deren Buch, soweit es um die Kirchen geht:

Als die Heerscharen des Ersten Kreuzzugs Jerusalem eroberten, metzelten sie 70 000 Menschen, egal, welchen Glaubens. Und wie mit den Albigensern und Waldensern umgegangen wurde oder mit den Bogumilen auf dem Balkan. Als es zur Endabrechnung mit den südfranzösischen „Ketzern" kam und die Kirchenführer des Kriegszuges befahlen, die Gefangen abzuschlachten, als man sie darauf aufmerksam machte, darunter befänden sich doch auch Frauen und Kinder, hieß es: Tötet sie alle, Gott wird schon die Rechten von den Falschen zu trennen wissen.

Sie wissen, dass es der Beispiele weit mehr gäbe, etwa bei der Eroberung des amerikanischen Kontinents oder in der Zeit der Sklavenwirtschaft.

Aber, werden Sie mir entgegnen, das ist doch Geschichte und wir haben uns zu dieser Schuld bekannt. Ich will dem nicht nachgehen sondern nur fragen: Ist Schuld vergeben, wenn Christen sich schuldig bekennen, aber nicht, wenn Kommunisten das tun? Denn haben Sie nicht wahrgenommen, dass Kommunisten nicht Jahrhunderte brauchten, um mit in ihrem Namen begangenen Untaten Schluss zu machen und sich dazu bekannten, und dies allein aus eigenem Verantwortungsgefühl?

Aber lassen wir die fernere Vergangenheit, wenden wir uns der näheren zu. Ich erinnere an den Pacelli-Papst, diesen Freund des italienischen Faschismus, der als Nuntius in Berlin den ersten völkerrechtlich verbindlichen Vertrag mit Nazi-Deutschland einfädelte, es damit in die Reihe der zivilisierten Völker beförderte. Er hat, mitten in dem der Republik Spanien aufgezwungenen Todeskampf, in seiner Enzyklika „Divine redemptoris" nicht etwa den faschistischen Putsch des katholischen Christen Franko verurteilt, nicht die hohe Zahl katholischer Priester, die dem Franko-Mord-Regime Zutreiber-Dienste leisteten zur Ordnung gerufen, nein, sondern in dieser Enzyklika in entschiedener Weise zum Kampf gegen den Bolschewismus aufgerufen, Hitler, Mussolini und Franco in die Hände gearbeitet. Und der Woytyla-Papst, hat wenigstens er im Nachhinein die Mitwirkung des katholischen Klerus von Spanien an Frankos Verbrechen verurteilt? Das Gegenteil hat er getan, Hunderte spanischer Priester, Mittäter Frankos, hat er selig gesprochen.

Hat der Pacelli-Papst, wissend um die Judenmord-Maschinerie Hitlers, sein großes Prestige eingesetzt, dem Morden zu widersprechen? Er hat es nicht getan, nicht aus Angst vor Hitler, der hätte dem Repräsentanten von vielen Hundert Millionen Katholiken nichts angetan. Aber dann, als die Faschisten geschlagen waren, wurde unter der Ägide dieses Papstes allein 50 000 deutschen SS-Kriegsverbrechern, unter ihnen Mengele und Eichmann, über die vom Vatikan eingerichtete „Rattenlinie" die Flucht nach Südamerika ermöglicht.

Sie sehen, Herr Erzbischof, das Sündenregister der Kirche reicht bis in die Gegenwart. Denn da war ja auch der Mord an vielen Zehntausend Serben, die sich unter der Herrschaft der katholischen Kroaten in der Nazizeit weigerten, von ihrem griechisch-orthodoxen Glauben zu lassen.

Jawohl, Kirchenführer und Bischofskonferenzen haben den Kapitalismus oft moralisch verurteilt, nicht selten mit Worten; die schärfer waren als gewerkschaftliche Verlautbarungen. Aber es geht nicht in erster Linie um Moral. Wenn sich Kapitalisten „unmoralisch" verhalten, so nicht, weil sie so sein wollen, sondern weil sie unter die Räder des kapitalistischen Systems gerieten, würden sie sich nicht den Regeln dieses Systems unterordnen. Dieses System muss man angreifen und nicht die aus diesem folgende „Moral". Das ganze Gerede von Gier und Ähnlichem, das nicht ohne Grund ist, ist wirkungslos, wenn die wahren Gründe von Unmoral allein moralischer Verurteilung ausgesetzt werden. Während Kirchenführungen auf diese Weise zwar Unternehmer moralisch verurteilen, ansonsten aber nichts tun, sind sie mit Exkommunizierungen rasch bei der Hand, wenn Priester, etwa Jesuiten wie die Brüder Boff, bei Moralappellen nicht Halt machen wollen. Gegen das Kapital nur Moral, gegen Sozialismus notfalls Predigt und aktive Teilnahme an Aktionen der Gewalt.

Um einem Missverständnis oder einer Missdeutung vorzubeugen:

Dies ist keine Anklageschrift gegen die Religion!! Ich verwechsle nicht Weltanschauung und Organisation, Weltanschauung und Missbrauch derselben durch Organisation (was ja nicht nur Spezifikum von Religion ist). Marx hat Religion zwar als verkehrtes Weltbewusstsein bezeichnet, in ihm aber zugleich den Trost- und Rechtfertigungsgrund gequälter Kreaturen und den Grund für Protest gegen unmenschliche Verhältnisse gesehen. Ich weiß sehr wohl um Christen, aktive Christen, die sich dem Kapital, seinen Kriegen, seiner Ausbeutungs- und Unterdrückungspolitik widersetzen, bin mit nicht wenigen solcher Christen befreundet. Ich weiß, dass die Katharer, die Ketzer, die Bauern in ihrem Aufbegehren Christen waren und sangen: „Als Adam grub und Eva spann, wo war denn da der Edelmann?" Und es war Friedrich Engels, der – einem Wort Heines zustimmend – Luthers Lied von der festen Burg die Marseilleise des 16. Jahrhunderts genannt hat. Aber diese Christen sind eben nicht die Kirche, sie wurden und werden oft genug von den Kirchen gemaßregelt, ja sogar verfolgt und- wie das Beispiel der Brüder Boff gezeigt – exkommuniziert.

Robert Steigerwald

Wie Schmidt-Salomon
den Kreis eckig machen will.
Zum sogenannten
Evolutionären Humanismus

Vor der Kritik erst ein paar lobende Worte!

Schmidt-Salomon setzt sich mit der Strategie der „Christlichen Wertegemeinschaft" (*S. 69 f*) auseinander, zeigt, dass mit diesem Programm das konservative und reaktionäre Streben hinter die Aufklärung zurück will. Diese hatte, vor allem mit Kant, geklärt, dass das friedliche Zusammenleben von Menschen unterschiedlicher weltanschaulicher oder sonstiger Grundorientierungen in einem Staat zur Bedingung hat, die Staatsauffassung nicht auf „Werten" zu begründen. Die heutigen „Werte"-Apostel wollen von dieser bürgerlich-demokratischen Lösung wegkommen. Dem Staat soll eine reaktionäre, angeblich „christliche" Grundlage vorangestellt werden. Manche Linke mit und ohne Anführungszeichen gehen dieser Werte-Propaganda auf den Leim. Dies zeigte nur ihre historische und philosophische Unbildung!

Es kann auch nützlich sein, wie Schmidt-Salomon es unternimmt, einmal ans Tageslicht zu ziehen, was im Klartext in den Zehn Geboten enthalten ist. Die darin eingebauten Drohungen und Barbarismen. Denn selbst Edmund Stoiber gab auf die Frage nach ihrem Gehalt eine falsche Antwort. Er führte inhaltlich an, was nicht im Alten Testament, dem Ort der Zehn Gebote steht, sondern im Neuen Testament. Solche Unkenntnis dürfte erst Recht bei anderen Zeitgenossen existieren. Sie wissen also nicht, was real "Christliche Wertegemeinschaft" wäre: Eine barbarische Wertediktatur! So gibt es in diesem Buch Schmidt-Salomons einige Teile, denen man zustimmen kann – nur das Ganze ist eine Fehlkonstruktion! Der Autor selbst geht immer mal wieder darauf ein, dass aus der Natur keine ethischen Normen abgeleitet werden können. Natur ist weder gut noch böse. Er zeigt dies an Naturprozessen. Folglich ist es nicht möglich, aus der Evolution, aus einem grundlegenden Naturprozess einen Humanismus abzuleiten, aus einem Kreis etwas Ekkiges zu machen. Dem Humanismus liegen notwendig menschlich-gesellschaftliche Voraussetzungen und Bedingungen zugrunde.

Aber gehen wir in die Einzelheiten

1. Hauptfeind des Autors ist die Religion. Die Religion in jeder Form. Auch als politische Religion. Als solche benennt er Faschismus und Bolschewismus (*S. 33, 52, 85, 171 f, Anmerk. 68*). Zwei Prozesse strikt gegenläufiger Art werden gleichgesetzt: Faschismus, diese brutalste Form des Wegs weg von der Aufklärung, hinter sie zurück und Kommunismus, der seine Wurzeln in der Aufklärung hat und diese nicht verleugnet oder gar bekämpft!

Grundlage dieser Gleichsetzung sind zunächst Untaten der Stalin-Zeit. Im Anhang verweist er auf den XX. Parteitag der KPdSU. Knapp und ohne Analyse. Ohne sich der Frage zuzuwenden, was es eigentlich bedeutet, dass diese Partei – wie gründlich oder oberflächlich auch immer – aus eigener Kraft, ohne Einwirkung von außen, ohne vorausgegangene schwere Niederlage, fähig war, mit Untaten Schluss zu machen. Wer Stalins wegen den Bolschewismus als politische Religion verurteilt, müsste doch des XX. Parteitags wegen sein Urteil korrigieren.

Sodann wegen des Verhaltens von Kommunisten an der Spitze von Staaten. Ja, da gab es Verurteilenswertes, wenn man sich anschaut, was aus Kommunisten, nachdem man die Garde der alten Revolutionäre „ausgeschaltet" hatte, „von Stalin geschweißt" (Luis Fürnberg) geworden ist. Dies wird als Wesen der politischen Religion des Marxismus verstanden und soll ausgemerzt werden – das ist der letzte Sinn des Büchleins!

Weiterhin durch Hinweise auf Marxens Staatstheorie: Zu ihr stehe im Widerspruch, dass in der Sowjetunion der Staat eben nicht abgebaut wurde. Schönes Argument! Man stelle sich die Sowjetunion 1941 vor, ohne Staat und ohne Armee.

2. Schmidt-Salomon arbeitet heraus, dass alle Religionen grundsätzliche Gemeinsamkeiten aufweisen. Das deutet aber doch darauf hin, dass es dafür Gründe gibt, die nicht in der Religion liegen. Der Autor untersucht diese Gründe nicht. Marx sprach von der Religion als einem Opium des Volks – nicht als einem Opium für (!) das Volk! Nach der ersten Bemerkung bedarf

das Volk des Opiums und wären die Gründe dieser Rauschgiftsucht zu klären. Nach der zweiten Bemerkung würde Religion ein von außen dem Volk eingetrichtertes Gift sein und müsste die Therapie allein in Aufklärung bestehen. Religion gründet letztlich nicht in Unvernunft, folglich reicht „vernünftige" Kritik nicht hin, um mit dem Problem ins Reine zu kommen. Vielmehr bleibt solche Religionskritik auf dem gleichen ideologischen Feld wie die Religion selbst, ist also vom Wesen her von dieser nicht verschieden. Die wesentlichen wissenschaftlichen Argumente zur Religionskritik sind bereits einige Hundert Jahre alt. Marx hatte also Recht, als er sagte, diese Kritik sei vollendet, es komme nun darauf an zu klären, welche gesellschaftlichen Gründe und Bedingungen Religion hervorbringen, „nötig" machen und den Kampf gegen diese Bedingungen zu richten.

Genau dies findet bei Schmidt-Salomon nicht statt.

3. Die Grundlage der Arbeit Schmidt-Salomons sind zunächst Formen des naturwissenschaftlichen, zumeist biologisch (und damit in die Nähe der Lebensphilosophie geratenden) untermauerten Materialismus. Die Rede ist von „Genetisch-Memetischem" (*S. 11* – Dafür gibt es eben so wenig wissenschaftliche Beweise wie für Dawkins genetische Herleitung bestimmter Verhaltensweisen, etwa der kriminellen Veranlagungen). Es gibt biologische Wurzeln des Menschseins, was natürlich unbestritten ist. Nur auf diesem Niveau ist der Mensch noch nicht Mensch, sondern Tier! Das „Ich" wird von Schmidt-Salomon allein aus „neurologischen Prozessen" abgeleitet (*S. 16*). Zu unterscheiden sind aber das Ich in der Philosophie, das transzendentale Ich ist keineswegs neurologischen Ursprungs. Und das Ich der Psychologie? Auch dies ist nicht neurologischen Ursprungs. Die biologische Voraussetzung genügt dazu nicht. An schwerem Hospitalismus Leidende haben die neurologisch gleichen Grundlagen wie andere Menschen auch, aber zur Herausbildung des Ichs fehlte und fehlt bei ihnen die Kommunikation, die Verbundenheit mit anderen Menschen. Der Autor behauptet einfach (er behauptet sehr oft ohne Beweise zu liefern!), das Mitfühlen sei Erbe unserer biologischen Evolution (*S. 22*). Auf diese von

Haeckel abgeschaute, biologisch und nicht gesellschaftlich begründende Weise hatte schon Kautsky versucht, Ethik zu begründen und sich dabei in Konfusion verwickelt. Schmidt-Salomin gibt Konkurrenzgesetze des Kapitalismus als biologische aus (*S. 19*) und den Staat führt er zwar als mächtiges Repressionsinstrument ein (*S. 31*), findet aber kein wirkliches Wort zu dessen Erklärung. Wie er überhaupt, wo er gesellschaftliche Verhältnisse nennt, sie eben nur nennt, nichts analysiert, es also bei bloßen Leerformeln bleibt (*S. 15*)

Sein zweites Erkenntnismittel ist der sogenannt Kritische Rationalismus Poppers und seiner Anhänger (etwa *S. 54*). Dessen Falsifikationsdogma (S. 54).

Poppers medienwirksam unter's Volk gebrachte Konzeption war freilich lange vor ihm durch den US-amerikanischen Logiker und Philosophen Charles S. Peirce (1839 – 1914) in dessen Collected Papers entwickelt worden. Das hätte man immerhin, der wissenschaftlichen Redlichkeit wegen, aus dem Munde der Popperianer mal hören sollen! (*Zur Gesamtkritik an Popper verweise ich auf die Kapitel in meinem Buch „Abschied vom Materialismus?, Bonn und Schkeuditz, 1954 und 1999*).

Was Poppers Falsifikationsdogma betrifft, so muss einer Falsifikation die Verifikation vorausgegangen sein. Denn nur diese kann man ja überprüfen. Als man schwarze Schwäne entdeckte und damit das Urteil, alle Schwäne seien weiß, falsifiziert wurde, musste doch zuerst festgestellt, also verifiziert worden sein, dass der gefundene Vogel keine Gans, sondern eben ein Schwan sei.

Der naturwissenschaftliche Materialismus, wie er sich in Deutschland um die Mitte des19. Jahrhunderts entwickelte, war eine bürgerliche Richtung, die sich politisch auf Parlamentarismus und Reformen beschränkte, von diesem Boden aus politisch den Kampf gegen den Marxismus als Konzeption der Revolution führte und philosophisch – ohne sich dessen wirklich bewusst zu sein – gegen die marxistische Philosophie wirkte. Ein Ansatz zu einer solchen Konzeption, gesellschaftliche Probleme durch naturwissenschaftliches Herangehen zu beheben, von dem Mitglied des Kommunistenbundes, dem Kölner Armenarzt Daniels entwickelt, stieß schon damals auf die Kritik von Marx. Diese Grundorientierung – vom Marxismus politisch und philosophisch abzuschotten – ist seitdem das Wesen des naturwissenschaftlichen Materialismus! Dies ist ja auch das Wesen der Popperianerei: Kampf gegen den Marxismus, Ersetzung dessen durch einen in den Grenzen des Systems verbleibenden Reformismus, da er die Maßstäbe für seine Sozialtechnik aus der gegebenen, d. h. kapitalistischen Realität holt!

Schmidt-Salomon macht die Religion für die schweren Konflikte unserer Tage verantwortlich, nicht den Imperialismus (*S. 80, 61 f*) und schlägt folglich als „Lösungsweg" vor (*S. 49*) weltweite religiöse Abrüstung (man vergesse nicht: Damit ist auch der Kommunismus, diese „religiöse Philosophie" gemeint!), globale Konversion und rationale Aufrüstung.

Ein paar Bemerkungen zu den Denkmitteln Schmidt-Salomons

Im Gefolge des Kritischen Rationalismus sind für ihn Logik und Empirie (*S. 37, 54 f*) die zutreffenden Erkenntnismittel. Zum Falsifikationsdogmatismus wurde Nötiges schon gesagt.

Empirie, wichtig ist sie, aber die Empirie lehrt uns, dass sich die Sonne um die Erde dreht. Das kann also keine ausreichende Grundlage sein. Und die Logik? Die lehrt uns, dass die berühmte Zenon'sche Aporie des Fliegenden Pfeils, der dialektische Widerspruch, ein Widersinn sei. Gucken wir uns diese Aporie einmal genauer an:

Der Logiker wird sagen, dass der Fliegende Pfeil in Wahrheit und im Widerspruch zu Zenon immer während einer bestimmten Zeit an einem bestimmten Ort sein müsse. Machen wir die Probe aufs Exempel. Der Pfeil fliegt. Wir wollen wissen, wo er zum Zeitpunkt X an welchem Ort oder zu welcher Zeit er am Ort Y sein werde. Wie kann man das beantworten? Man muss den Ort oder den Zeitpunkt doch möglichst exakt „ermitteln", ihn also immer kleiner bzw. genauer feststellen. Das wird uns mit Notwendigkeit dazu führen, beide Maße stets kleiner, exakter zu machen. Und

das Ergebnis? Entweder kommen wir an keinen Endpunkt und damit an die nicht auszumerzenden Widersprüche des Unendlichen oder der Endpunkt ist jener,
wo es weder mit dem Ort noch mit der Zeit „weiter"
geht, wo wir mit dem Ort oder der Zeit ans Ende gelangt sind, wo Anfang und Ende zusammenfallen (Aristoteles), wo die Bewegung abgetötet worden ist.

Was fangen wir nun mit der Logik an, die uns - bezogen auf den Fliegenden Pfeil, überzeugen soll, dass es
den dialektischen Widerspruch nicht gibt und die das
nur erreicht, indem sie – entweder – die Bewegung ab-
tötet – oder – uns zwingt, das Vorhaben als unausführ-
bar aufzugeben. An Zenon, am dialektischen Widerspruch geht kein Weg vorbei. Logik und Empirie reichen als Erkenntnismittel nicht aus.

Das zeigt sich auch an Schmidt-Salomons Rede, man
müsse sich am Ganzen (S. 42, 56) orientieren. Da es
außerhalb des Ganzen nichts gibt oder geben kann,
müsste er zunächst einen philosophischen Weg zeigen,
wie man des Ganzen habhaft werden könne. Poppers
Mitstreiter Albert hat bei Gelegenheit zur Rede vom
Ganzen geringschätzig gemeint, das liefe doch nur auf
die Redeweise hinaus, dass alles irgendwie mit allem
zusammenhänge. Das ist sogar richtig wahrgenommen!
Und unser Autor redet auch einmal von diesem Zusammenhang (S. 42 f). Aber dass auch darin das Problem des dialektischen Widerspruchs steckt, ist ihm
wohl nicht aufgegangen.

Der Autor ist so sehr besessen von seiner Art der
Religionskritik, dass ihm die Fähigkeit abhanden gekommen ist, zu differenzieren: Steck alle religiöse Menschen in einen Sack und schlage drauf, wenn einer
brüllt, ist es immer der Richtige. Ob Drewermann oder
Ratzinger, das ist alles gleich – alles gleich dumm und
unpolitisch. Dass Christen versuchen, die Barbarismen,
die im Namen heiliger Schriften begangen wurden oder
begangen werden könnten, durch eine historisch-rela-
tivierende Lesart zu ersetzen, wird hämisch abgetan.
Schmidt-Salomon weiß nichts von der nötigen Unterscheidung von Religion, Kirche und gläubigen Menschen, weil er hinsichtlich der gesellschaftlichen Bedingungen über bloße Leerformeln nicht hinausgelangt,

folglich nicht beachtetet, dass es Klassen, Klasseninteressen gibt und diese sich, auch in religiöser Form, auf unterschiedliche Weise geltend machen, was von politisch denkenden und handelnden Menschen doch in Rechnung zu stellen wäre.

Der Autor stellt die mosaischen zehn Gebote an das Ende des Buches und ergänzt diese durch zehn Angebote des Evolutionären Humanismus. Fürwahr alles schöne Sprüche! Volksverständliche Variationen zu Kants Kategorischem Imperativ. Gut geeignet als Motti auf Handtuchhaltern in Mutters Küche. Nur: Sie passen gar nicht auf jene Realität, in der sie zu verwirklich sein sollten. Sie tun niemandem weh, wären aber schöne Einführungen erbaulicher Gesprächsrunden wohlmeinender Mitmenschen!

Michael Schmidt-Salomon, Manifest des Evolutionären Humanismus. Plädoyer für eine zeitgemäße Leitkultur. Alibri-Verlag, Aschaffenburg, 2005, ISBN 3-86569-010-6, 182 Seiten

Bemerkungen zu Hegels Wort
„Unten, wo das bürgerliche
Leben konkret ist ... "

Im § 290 der Hegelschen „*Grundlinien der Philosophie des Rechts*" treffen wir auf eine jener großartig charakterisierenden Feststellungen, an denen Hegels Werk so reich ist, auf das Wort vom „ *... unten, wo das bürgerliche Leben konkret ist ...* " Angesichts der Bedeutung des Begriffes *konkret* im Werke Hegels ist das eine äußerst interessante Bemerkung. Hegel weiß, dass die Quelle der bürgerlichen Gesellschaft „unten" liegt. Er geht als Idealist an dieses Problem heran, und obgleich ihm selbstverständlich nicht vergönnt ist, die objektiven, durch die bürgerliche Entwicklung gezogenen Schranken in seinem Denken zu überwinden, ist es doch äußerst aufschlussreich, wie Hegels nüchterner Sinn für die Tatsachen ihn in der Analyse des „Unten" von den idealistischen Konstruktionen seiner Gesellschaftstheorie immer weiter wegführt.

Zur Aufhellung dieses „Unten" hat er gerade in der Rechtsphilosophie viel beigetragen. Es ist dabei jedoch ebenso aufschlussreich, wo diese Aufhellung bei Hegel die Grenze findet und wo er in der Rechtsphilosophie versucht, Dämme zu errichten, um die möglichen Folgen solcher konkreten „unteren" Lebensäußerungen der bürgerlichen Gesellschaft abzuwehren. Philosophisch bewirkt dies, dass Hegel gegen den Geist seiner eigenen Dialektik verstößt. Politisch bedeutet es, dass gerade die Rechtsphilosophie – ihres enormen gesellschaftlichen Gehaltes wegen und weil Hegel bewusst vom Boden der bürgerlichen Gesellschaft aus denkt – nicht nur bekannte großartigen Paragraphe enthält, mit denen Hegel sich als eine direkte Quelle der marxistischen Gesellschaftswissenschaft erweist, sondern auch an die Grenzen der bürgerlichen Gesellschaft stößt, die er nicht überschreiten konnte. Schon dies verbietet es, den Eindruck eines nahtlosen Übergangs von Hegel zu Marx zu erwecken, wie das hegelianisierende Marxologen und auch mancher Marxist versuchten.

Der § 188 bezeichnet die Arbeit, den Schutz des Eigentums und die Errichtung solcher schützender Organisationsformen der bürgerlichen Gesellschaft als deren drei wesentlichen Momente. Dass Arbeit ihre Basis sei, bemerkt Hegel § 245. Freilich ist sein Arbeitsbegriff derjenige der politischen Ökonomie auf dem

Niveau des Adam Smith, der im Bourgeois den Arbeiter sah, wie Hegel ja auch in seiner berühmten Dialektik von Herr und Knecht (in der „Phänomenologie des Geistes") mit dem Knecht den kleinbürgerlichen Produzenten meinte, der sich anschickte, zum Bourgeois zu werden. Die befreiende Arbeit, von welcher in der Dialektik zwischen Herr und Knecht die Rede ist, ist die Tätigkeit dieses kleinbürgerlichen Produzenten an der Schwelle der industriellen kapitalistischen Produktion.

Im Unterschied zum Feudalherren hat der Bourgeois im Produktionsprozess eine Funktion, die dem Arbeitsbegriff von Smith und – durch ihn vermittelt – Hegel zugrunde liegt. Da aber dieser Bourgeois nicht produziert, sondern andere produzieren lässt, deren Arbeit bestenfalls anleitet, ergibt sich daraus bei Hegel die Anerkennung der Arbeit wesentlich nur als geistige. Das bestimmt den idealistischen Charakter der Hegelschen Dialektik. Die wirkliche Entdeckung der materiell-produktiven Arbeit konnte nur gelingen durch den Übergang von der Denkposition der die Produktion anleitenden und die Produzenten ausbeutenden Bourgeoisie auf diejenige der unmittelbar, materiell produzierenden Klasse des Proletariats. Daraus ergab sich notwendig eine andere Dialektik, eine nicht mehr nur ideelle, sondern eine materielle, deren Grundlage das reale Arbeitsverhältnis des Menschen zur Natur, die darin erfahrene objektive Dialektik ist. Dieser Übergang auf eine andere Klassenposition und die damit verbundene Entdeckung der realen Dialektik in Natur, Gesellschaft und Denken war erst möglich auf der Grundlage einer weit höher entfalteten bürgerlichen Gesellschaft, ihres offen zutage tretenden Klassengegensatzes zwischen Bourgeoisie und Proletariat. Erst auf dieser Grundlage war es möglich zu entdecken, in wie fern Arbeit wirklich die Basis der bürgerlichen Gesellschaft ist, und es war Karl Marx, der dies im „Kapital" gezeigt hat, indem er den Arbeitsprozesss alsWertbildungsprozess untersuchte, wobei er nachwies, dass einzig die produktive Arbeit des Arbeiters Werte erzeugt.

Die bürgerliche Gesellschaft verdankt nach Hegel ihr Entstehen und ihre Entwicklung der Verwirklichung selbstsüchtiger Zwecke ihrer bürgerlichen Individuen. Daraus erst gehe jenes *„System der Bedürfnisse"* hervor, das Hegel vom Paragraphen 183 an analysiert und das verborgen als Allgemeines in solchem egoistischen Getriebe wirke. Aber indem das egoistisch Besondere – das Kapitalistisch-Bürgerliche, würden wir im Gefolge Marxens sagen – durch dieses Allgemeine vermittelt werde, erscheine es dem Individuum als Mittel. Die Polis wird zum Mittel, der bürgerliche Egoismus zum Zweck (§ 187).

Hegel schildert eindrucksvoll wesentliche Auswirkungen der Arbeitsteilung und Mechanisierung, bevor er später zum Problem des Absinkens großer Massen in Armut kommt (§ 244). Er schaut dieser Polarisierung von Arm und Reich, von der frühkapitalistischen Reaktion darauf unbeirrt, mit demselben Realismus wie David Ricardo ins Auge, frei von romantischer Kapitalismus-Kritik, darum wissend, dass der historische Fortschritt über Krisen und Katastrophen erfolgt. Diese Gesellschaft entwickele ein Übermaß ihres spezifischen Reichtums als Grundlage jener Armut (§ 245), woraus die Dialektik folge, dass sie diese Gesellschaft über sich hinaustreibe (§ 246).

Hegel meinte nicht und konnte noch nicht das revolutionäre Hinaustreiben der bürgerlich kapitalistischen Ordnung über ihre spezifischen Grenzen hinaus meinen, sondern das Hinaustreiben über die politisch nationalen Grenzen und die Kolonialisierung (§ 248). Aber mitten im Text von § 249 tritt, wie eine Ahnung der Gefahr, die aus dem Kampf zwischen Arm und Reich sich für die bürgerliche Gesellschaft ergeben könnte, plötzlich folgender Passus auf: *„Die polizeiliche Vorsorge verwirklicht und erhält zunächst das Allgemeine, welches in der Besonderheit der bürgerlichen Gesellschaft enthalten ist, als eine äußere Ordnung und Veranstaltung zum Schutz und Sicherheit der Massen von besonderen Zwecken und Interessen, als welche in diesem Allgemeinem ihr Bestehen haben, so wie sie als höhere Leitung Vorsorge für die Interessen (§ 246), die über diese Gesellschaft hinausführen, trägt ..."* Die polizeiliche Vorsorge bezieht sich also nicht auf das Hinaustragen der kapitalistischen Ordnung über ihre nationalen Grenzen, auch nicht auf den Kolonialismus, sondern sie richtet sich nach innen, zielt auf die inneren Widersprüche dieser Ordnung selbst, auf die sich aus der Dialektik von Arm und Reich ergebenden Kämpfe. Polizeiliche Vorsorge soll das Allgemeine sein, das den Krieg aller gegen alle innerhalb der Konkurrenzgesellschaft im Zaume hält, sondern dieses Allgemeine entpuppt sich als ein bürgerliches Instrument.

Hegel ist damit einer der ersten bürgerlichen Denker, welche die historischen Grenzen ihrer Gesellschaft ahnen. Er vermutet die Richtung, aus welcher die über das System hinaustreibenden Kräfte wirken und stemmt sich dieser Gefahr entgegen, was den Grund des verborgenen Positivismus der Hegelschen Philosophie ausmacht. Er selbst hat die unendliche Bewegung kreisförmiger Art, welche nichts Neues mehr zutage fördert, schlechte Unendlichkeit genannt und dagegen tiefsinnig polemisiert. Seine Dialektik ist unter anderem aus solcher Polemik gegen das schlechte Unendliche entstanden. Aber wenn die bürgerliche Gesellschaft von nachdrängenden Kräften bedroht ist, zeigt sich, das Hegel selbst auf diese Position des schlechten Unendlichen zurücksinkt: Die Grenzen der bürgerlichen Daseinsweise sollen nicht überschritten werden.

Der bürgerliche Klassencharakter der Hegelschen Rechtsphilosophie liegt also auf der Hand. Aber innerhalb dieser Grenzen – es ist dies noch die Zeit vor den ersten Arbeitererhebungen der frühen dreißiger Jahre des neunzehnten Jahrhunderts – ist Hegel von unbestechlicher Offenheit.

Gerade dieses Aussprechen erkannter Wahrheiten, dieser Verzicht auf gesellschaftliche Lebenslügen, wie sie die heutige Bourgeoisie für die Verteidigung ihrer Ordnung dringend braucht, macht Hegels Rechtsphilosophie, seine Gesellschaftstheorie, in so hohem Maße aktuell, obgleich das „Unten", das er untersuchte, das des sich in Deutschland erst herausbildenden Kapitalismus war und sich erheblich von jenem unterschied, das Marx später erörterte. Darum handelt es sich um eine modifizierte Aktualität der Hegelschen Philosophie. Sie selbst taugt nicht dazu, die Probleme des Übergangs vom Kapitalismus zum Sozialismus zu lösen.

Hegels Wort vom „Unten, wo das bürgerliche Leben konkret ist", widersprach eigentlich dem inneren, idealistischen Charakter seiner Philosophie und ist richtig erst vom Boden einer materialistischen Auffassung von Gesellschaft, von Geschichte aus zu begreifen. Erst in einer solchen Philosophie können die materiellen Bedingungen des gesellschaftlichen Lebens zum Ausgangspunkt einer Gesellschaftstheorie werden. Aber die einzige materialistische Theorie, die dabei Gesellschaft nicht als einfache Erscheinungsform der Natur missversteht, ist der Marxismus. Solche Philosophie war freilich erst möglich auf der Grundlage neuer sozialer Entwicklungen, neuer Klassenbedingungen und der Interpretation der neuen Realität vom Boden der Arbeiterklasse.

Hegel war der Schöpfer einer dialektischen Entwicklungslehre, die Vergehendes nicht einfach ausstreicht, sondern das Moment der „Aufhebung" und des qualitativen Umschlags in diesem Prozess des Aufhebens enthält. Dem entsprach es durchaus, dass er seine Philosophie als Aufhebung der Vorangegangenen verstand. In einem noch tieferen Sinne ist die Marx'sche Theorie auch die Aufhebung der Hegelschen Philosophie. Die Anatomie höherer Lebewesen erklärt diejenige niederer, schrieb Marx sinngemäß im „Kapital". Hegels Philosophie ist darum am tiefsten von marxistischer Position aus zu erfassen. Die Dialektik von Herr und Knecht, ebenso die in Hegels Werk darauf folgende von Arm und Reich konnte erst auf einer höheren Entwicklungsstufe der bürgerlichen Gesellschaft und ihrer Analyse, erst vom Boden der marxistischen Theorie der Klassen und des Klassenkampfes, der marxistischen Arbeitswert- und Mehrwertstheorie verstanden werden. Hegel erörterte die bürgerliche Gesellschaft, ihre konkrete Struktur, ihre bestimmenden Momente für seine Zeit mit erstaunlicher Klarheit und erahnte die historischen Grenzen dieser Ordnung. Aber dies alles, die Rolle des Eigentums als bürgerliches, das heißt als kapitalistisches, als höchste Entwicklungsstufe des Produktionsmitteleigentums von Klassen im Gesellschaftsprozess, die Überwindung der Klassen und damit des Klassenkampfes, die Rolle des Staates dabei und der Weg, der zu seinem Absterben führen wird – dies alles wird erst durch die marxistische Gesellschaftstheorie erklärt und damit verständlich. Auf einer höheren Stufe des Klassenkampfes entstanden, dem anderen „Pol" dieser bürgerlichen Ordnung, den über diese Ordnung hinaustreibenden „Pol" theoretisch reflektierend und darum vom historischen Jenseits des Kapitalismus aus denkend, kann der Marxismus – in jenem „Unten" wurzelnd, wo das bürgerliche Leben konkret ist – gerade dieses „Unten" auf den Begriff bringen. Dabei kann er Hegels geniale Erkenntnisse und Ahnungen in den richtigen historisch-gesellschaftlichen Zusammenhang rücken, sie tiefer, exakter, konkreter fassen. Indem der Marxismus dieses „Unten", nämlich die materielle Produktion, zur Basis seiner Theorie macht, werden solche immer noch allgemeinen, abstrakten Antagonismen wie Herr und Knecht, Arm und Reich gesellschaftlich historisch konkret in Gestalt von gegeneinander kämpfenden Klassen, deren Anatomie der Marxismus liefert.

Die trotz aller Modifikationen unbestreitbare Aktualität des Hegelschen Denkens folgt daraus, dass das grundlegende Verhältnis zwischen der Klasse der Produktionsmittelbesitzer und derjenigen der Arbeiter – dieses Klassenverhältnis beeinflusste Hegels späte Gesellschaftstheorie bereits in hohem Maße – sich im Kapitalismus prinzipiell nicht geändert hat: Nach wie vor ist die Verwandlung nicht nur aller Ergebnisse der Arbeit, sondern sogar der Arbeitskraft selbst in eine Ware, die der Arbeiter an den Produktionsmittelbesitzer verkaufen muss, um leben zu können, das eigentliche „Unten" dieser Gesellschaftsordnung, das all ihre Sphären durchdrängt und bestimmt. Freilich hat das nicht Hegel, sondern Karl Marx enthüllt, weshalb Hegels Aktualität erst unter marxistischem Aspekt wirklich offenbar wird.

Weit mehr noch als zu Hegels Zeit ist die Basis der bürgerlichen Gesellschaft die Dialektik von Arbeit und Besitz, von Armut und Reichtum, hat die politische Gewalt die Funktion, die Macht des Kapitals gegenüber jenen zu schützen, die zwar arbeiten, aber nicht aneignen und deren Arbeit die ganze bürgerliche Gesellschaft am Leben erhält. Um ein Beispiel zu nennen: Bei der Währungsreform gab es in ganz Deutschland etwa zweihundertfünfzig Milliarden DM an Sachwertvermögen. Danach wurden bis 1968 in der Bundesrepublik etwa 1000 neue Milliarden Sachwertvermögen geschaffen. Davon verteilten sich 2,5 % auf die Haushalte der Rentner und Pensionäre, 17,4 % auf die der Arbeiter, Angestellten und Beamten, 33,5 % auf die öffentliche Hand – das ist aber diejenige des Großkapitals – und 46,6 % auf das Privatkapital direkt. Bei steigender Zahl von Arbeitern und Angestellten wuchs die Summe der Bruttolöhne und Bruttogehälter insgesamt langsamer, so dass wir eine Verringerung des Anteiles des arbeitenden Teiles unseres Volkes in der Bundesrepublik am Produktionsergebnis feststellen müssen. Dies ist unser heutiges „Unten".

Wie zuvor sind Arbeitsteilung und Mechanisierung der Arbeitsbedingungen, Ersetzung menschlicher Arbeit durch Maschinensysteme grundlegende Tendenz in der Entwicklung der Produktivkräfte. Sie kulminieren in der heutigen wissenschaftlich-technischen Revolution. Es entstehen gewaltige, immer mehr nur noch gesamtgesellschaftlich zu handhabende Produktionssysteme. Es ist immer weniger möglich, ein aus der Verfolgung selbstsüchtiger Zwecke – d. h. des Profitmotivs – hervorgehendes „System der Bedürfnisse" als letzten Regulator der produktiven Beziehungen der Menschen wirken zu lassen. Wie unmöglich das ist, zeigt die pervertierende Anwendung des Planprinzips – Planifikation, Regulierung, Formierung, Konzentrierte Aktion sind einige ihrer Schlüsselbegriffe – durch die staatsmonopolistische Ordnung. Hier wird ein Allgemeines gesetzt, dessen Natur staatsmonopolistisch, kapitalistisch ist. Es dirigieren Supermonopole, nicht selten solche transnationalen Charakters. Sie dirigieren immer mehr ganze Gesellschaften. Auch die selbstsüchtigen Zwecke von nichtmonopolistischen Gliedern dieser Ordnung werden fortschreitend zerstört. Damit wendet sich dieses staatsmonopolistische Allgemeine gegen sein eigenes Ausgangsprinzip, den selbstsüchtigen Zweck, den Egoismus der Bourgeois. Ein Wort von Marx variierend könnten wir sagen: Was es jetzt zu zerstören gilt, ist diese zerstörerische Gewalt des sich selbst übersteigernden und pervertierenden selbstsüchtigen Zwecks, des Profitmotivs, seiner materiellen, kapitalistischen Grundlagen. Was die Monopole zur Existenzweise der anderen erheben: Aufgabe des selbstsüchtigen Zwecks als letzten Regulators, Unterordnung unter ein – allerdings monopolkapitalistisch pervertiertes Allgemeines – gilt es, zur allgemeinen Existenzweise zu erheben: Auch der monopolkapitalistische, staatsmonopolistische Egoismus muss zerstört werden. Das Verhältnis von Besonderem und Allgemeinem ist umzukehren. Es ist ein „System der Bedürfnisse" nötig und auch möglich, dessen Grundlage das wirkliche Allgemeininteresse ist. Die Sonderinteressen sind dialektisch in dieses Allgemeininteresse einzufügen, was zur Grundlage hat, dass die Lebensquellen, die Brotquellen des ganzen Volkes aus den Händen privater Gruppen und Klassen in das allgemeine Volkseigentum übergeführt werden, d. h. dass der Sozialismus errichtet wird.

Die offizielle bürgerliche Ideologie und Politik unserer Tage bemüht sich darum, den Arbeitern und Angestellten zu suggerieren, dass sie Eigentümer an Produktionsmitteln werden könnten. Das private Produktionsmitteleigentum gilt nach wie vor als Kriterium gesellschaftlichen Lebens. Die Anhänger der Konvergenztheorie – in der Version, welche diese angebliche Konvergenz von Kapitalismus und Sozialismus lobt, ebenso wie in jener, welche diese Konvergenz verflucht – suggerieren den Arbeitern, sie hätten vom realen Sozialismus nichts anderes zu erwarten als das, was der Kapitalismus bereits biete. Endete der Geschichtsprozess bei Hegel an den Grenzen der bürgerlichen Ordnung, an den Grenzen des bürgerlichen Eigentums, so hat sich daran in der heutigen bürgerlichen Ideologie nichts geändert. Für alle bürgerliche Ideologie hat es Geschichte bestenfalls gegeben, aber es gibt sie nicht mehr, ist der Kapitalismus der Endzustand der menschlichen Entwicklung.

Wie Ludwig Feuerbach
dem Karl Marx half,
den Hegel
vom Kopf auf die Füße zu stellen.

Man muss mit einer Erklärung beginnen. Die klassische deutsche Philosophie, insgesamt die Denkweise der Aufklärung, ging davon aus, die (feudale, die absolutistische) Welt sei unvernünftig geordnet, es komme darauf an, sie der Vernunft gemäß zu gestalten. Die Französische Revolution, so dachten die Ideologen des revolutionären Bürgertums, eröffne diesen Prozess des Vernünftigmachens der Welt: *„Solange die Sonne am Firmamente steht und die Planeten um sie herumkreisen, war das nicht gesehen worden, dass der Mensch sich auf den Kopf, das ist, auf den Gedanken stellt und die Wirklichkeit nach diesem erbaut ... Es war dieses somit ein herrlicher Sonnenaufgang. Alle denkenden Wesen haben diese Epoche mitgefeiert. Eine erhabene Rührung hat in jener Zeit geherrscht, ein Enthusiasmus des Geistes hat die Welt durchschauert, als sei es zur wirklichen Versöhnung des Göttlichen mit der Welt nun erst gekommen."* (G. W. F. Hegel, *Philosophie der Geschichte*, Reclam 1961, S. 593)

Die Welt steht nun, vermittels der Revolution, auf dem Kopf, ist auf Vernunft gegründet – das ist der Ausgangspunkt. Marx wird später feststellen, er habe diesen auf dem Kopf stehenden Hegel, dessen Vernunftphilosophie, wieder auf die Füße gestellt, statt der Vernunft die materiellen Verhältnisse von Natur und Gesellschaft als Grundlage des Ideellen erkannt. Die Frage ist, wie ihm Feuerbach – Marx ging eben durch den Feuer-Bach – dabei geholfen hat.[1]

Genau genommen gab es schon viel frühere Helfer. Da hatte im antiken Griechenland ein Philosoph, Xenophanes, gemeint: *„Doch wenn die Ochsen und Rosse und Löwen Hände hätten oder malen könnten mit ihren Händen und Werke bilden wie die Menschen, so würden die Rose rossähnliche, die Ochsen ochsenähnliche Göttergestalten malen und solche Körper bilden, wie jede Art gerade selbst ihre Form hätte."* (*Xenophanes, Mitte des sechsten vorchristlichen Jahrhunderts*).[2]

Diese so genannte Projektionskonzeption trug Hegel in seinen Vorlesungen zur Geschichte der Philosophie vor und unter seinen Studenten saß der junge Feuerbach – er sollte später diesen Gedanken aufgreifen und für seine Religionstheorie nutzen: Es ist nicht Gott, der die Menschen gemacht hat, sondern es sind die Menschen, die sich ihren Gott und ihre Götter machen!

Marx wird sodann diesen Gedanken aufgreifen und fragen, welche Menschen es sind, die sich Gott oder Götter machen und warum sie dies tun – Fragen, die Feuerbach nicht gestellt hat.

Engels hat die Rolle und Bedeutung, die Feuerbach in der intellektuellen und politischen Entwicklung von Marx und Engels spielte hat, gewürdigt. [3]

Als es 1842 zu einer Auseinandersetzung Marxens mit Strauß, mit dessen Einstellung zu Feuerbach kam, schrieb Marx: *„Und euch, ihr spekulativen Theologen und Philosophen, rat ich: Macht euch frei von den Begriffen und Vorurteilen der bisherigen spekulativen Philosophie, wenn ihr anders zu den Dingen, wie sie sind, das heißt, zur Wahrheit kommen wollt. Und es gibt keinen andern Weg für euch zur Wahrheit und Freiheit als durch den Feuerbach. Der Feuerbach ist das Purgatorium der Gegenwart."* Hier sehen wir nicht nur den enormen Einfluss, den Feuerbach 1842 auf Marx ausübte, sondern wir haben hier auch den Schritt Marxens weg von der spekulativen Philosophie, also auch von Hegel, und es ist Feuerbach, der ihm diesen Weg von Hegel weist.

Sehr früh, noch in seiner idealistischen Periode, finden wir – anlässlich einer Darlegung der Leibniz'schen Philosophie – bei Feuerbach den erhellenden Gedanken: Der Mensch sei *„entzweit in sich, dass er mit dem Glauben bejahte, oder vielmehr bejahen zu können sich einbildete, was er mit der Vernunft direkt verneinte."* Noch meint er, dieser Entfremdung könne der Geist entfliehen in Bereiche der Mathematik und Physik, da er dort keine Berührung habe mit dem Leben selbst. Doch dieser Gedanke drückt schon ein Abrücken vom Glauben, von der Theologie aus und bewirkt innerhalb von Feuerbachs Hegel-Begeisterung ein stärkere Hinwendung zu dessen philosophischem Idealismus. Gegen Ende der dreißiger Jahre findet jedoch unter dem Eindruck natur- und technikwissenschaftlicher neuer Erkenntnisse und Studien eine allmähliche Hinwendung Feuerbachs zum Materialismus statt. Wer sich in die Natur verliebt habe, der finde seinen Gott nun in der Natur, meint er, wird so notwendig der Religion untreu.[4] *„Der Glaube an ein himmlisches Leben zerstört das Gattungsleben der Menschheit, vertilgt den wahren Gemeingeist, entmenscht den Menschen und ist daher der wahre Vernichtungsglaube."*[5] Alle Prädikate der Gottheit seien Begriffe, die der Mensch seiner eigenen Gattung entnimmt. Die Rückkehr zur Natur sei allein Quelle des Heils. Natur sei nicht bloß die gemeine Werkstatt des Magens, sondern habe auch den Tempel des Geistes gebaut. Die Religion sei die feierliche Enthüllung der verborgenen Schätze des Menschen. Folglich ist das Geheimnis der Theologie die Anthropologie.[6]

Dies führt Feuerbach zu seiner Hegel-Kritik die darin gipfelt, Hegels Philosophie auf die gleiche Stufe wie die abgelehnte und verworfene Theologie zu stellen. Der Anfang der Philosophie müsse das Endliche, das Bestimmte, das Wirkliche sein.[7] Er findet Bestimmungen von Zeit und Raum, wie sie dann vom dialektischen Materialismus übernommen worden sind und sagt: *„Die Philosophie muss sich wieder mit der Naturwissenschaft, die Naturwissenschaft mit der Philosophie verbinden".*[8]

Diese Entwicklung wurde von Marx und Engels nachvollzogen. Feuerbachs Hegel-Kritik bewirkte, an jene Stelle, die bei Hegel vom Geist eingenommen wird, den Menschen selbst zu setzen. So ist in Hegels „Phänomenologie des Geistes" von der Selbsterzeugung des Menschen die Rede, die Entäußerung seiner Wesenskräfte und die schließliche Aufhebung dieser Entäußerung durch Arbeit. Marx hatte schon in den „Ökonomisch-philosophischen Manuskripten" geschrieben: *„Das Große an der Hegelschen 'Phänomenologie' und ihrem Endresultate – der Dialektik der Negativität als dem bewegenden und erzeugenden Prinzip – ist also einmal, dass Hegel die Selbsterzeugung des Menschen als einen Prozess fasst, die Vergegenständlichung als Entgegenständlichung, als Entäußerung und als Aufhebung dieser Entäußerung; daher das Wesen der Arbeit fasst und den gegenständlichen Menschen, als wahren, weil wirklichen Menschen, als Resultat seiner eigenen Arbeit begreift.."* (Marx/Engels, Werke, Ergänzungsband, Erster Teil, S. 574).

143

Dieser Übergang schloss die Abgrenzung von Feuerbach ein. Er hatte Marx geholfen, den Weg zum Materialismus, zum wirklichen Menschen zu gehen, aber die sich auf diesem Boden als letztlich entscheidenden Fragen hat er nicht gestellt:

Warum verdoppelt der Mensch seine Wesenskräfte und verabsolutiert sie als göttliche, als Jenseitsmacht sich selbst gegenüber? Warum hat Feuerbach das Wesen der Arbeit und damit des Selbsterzeugungsprozesses eben des Menschen nicht erfasst? Dies ist Thema der berühmten elf Thesen Marxens über Feuerbach.

Es ist leicht einzusehen, wie Marx 1843, etwa mit seiner „Kritik der Hegelschen Rechtsphilosophie. Einleitung", noch an Feuerbach anknüpfen und sagen konnte: Wenn solche Abstraktion, solche Setzung des Wesens des Menschen außer dem Menschen sich aus unmenschlichen gesellschaftlichen Bedingungen ergibt, so muss man eben, wenn man menschliche Menschen haben will, diese Bedingungen umwälzen. In diesem Zusammenhang ist auch ein Gedanke Feuerbachs wesentlich, der – in Marxens weiterentwickelten Materialismus aufgenommen – dort eine entscheidende Rolle spielen sollte, nämlich der Gedanke Feuerbachs über die Beziehung zwischen Theorie und Praxis. In einem Brief an Ruge vom Juni 1843 bemerkt er, theoretisch sei, „was nur in meinem Kopfe steckt, praktisch, was in vielen Köpfen spukt. Was viele Köpfe eint, macht Masse" (ebenda, S. 342f). Den Kennern der Marx'schen Frühschriften klingt da wohl der Satz im Ohr: Die Theorie wird zur materiellen Gewalt, sobald sie die Massen ergreift!

Marx hat oft, am ausführlichsten und gründlichsten in „Zur Kritik der Hegelschen Rechtsphilosophie. Einleitung" und in den „Ökonomisch-philosophischen Manuskripten" Gedanken Feuerbachs aufgegriffen und in qualitativer Weise weiter entwickelt. Das zeigt sich sofort, wenn man den Marx'schen Entfremdungsbegriff heranzieht. Dieser basiert auf der Analyse der grundlegenden ökonomischen Verhältnisse, setzt an bei der Entfremdung der Arbeit, worüber sich gleichsam schichtenweise Entfremdungsprozesse bis hinein in die un-

mittelbare Gattungsbeziehung der Geschlechter ergeben. Folglich setzt die „Therapie" Marxens in diesem
ökonomischen Grundbereich an.

Ich möchte nur einige analytische Bemerkungen zu
den berühmten Thesen über Feuerbach darlegen, wie
und weshalb sich Marx und Engels von Feuerbachs Position ablösten.

Sie wurden 1888 erstmals durch Engels veröffentlicht,
und zwar im Anhang zur Feuerbach-Schrift. Es seien
Notizen Marxens gewesen, für spätere Ausarbeitung
gedacht, rasch hingeschrieben, absolut nicht für den
Druck bestimmt (MEW/XXI-264). Sie seien der geniale
Keim der neuen Weltanschauung, im Frühjahr 1845 in
Brüssel erarbeitet. Man müsse sie im Zusammenhang
sehen mit der „Deutschen Ideologie". Sie gehören also
der Entwicklungsetappe an, die auf die „Ökonomisch-
philosophischen Manuskripte" Marxens und „Die Heilige Familie" – die erste Gemeinschaftsarbeit von Marx
und Engels – folgt. Die Analyse der „Thesen" ergibt,
dass sie einerseits den Bruch mit Feuerbach und dem
gesamten vor-marx'schen Materialismus, andererseits
den Bruch auch mit dem gesamten vorherigen Stil des
Philosophierens (also nicht nur mit dem Idealismus)
darstellen. Dies wird aber erst deutlich, wenn man sich
des wirklichen Zusammenhangs vergewissert, aus dem
diese Thesen hervorgegangen sind.

In der „Heiligen Familie" legten Marx und Engels
wesentliche Elemente ihrer materialistischen Geschichtsauffassung dar, grenzten sie sich von gleichzei-
tigen intellektuellen Mode-Sozialismen ab, gaben sie
zu Protokoll, dass sie zum proletarisch-revolutionären
Standpunkt übergegangen seien (MEW/II-37 ff). Dabei
befanden sie sich noch auf dem Boden einer gesamt-
materialistischen Position, insofern sie aus dieser sozialistische und kommunistische Konsequenzen her-
vorgehen sahen. Das zeigen die Passagen, in welchen
sie von der Vereinigung von Materialismus und Sozia-
lismus/Kommunismus als dem neuen Humanismus
sprechen ebenso, wie die eingehendere Analyse des englischen und französischen Materialismus des 17. und
18. Jahrhunderts. Von Descartes sahen sie eine
Entwicklungslinie dieses Materialismus ausgehen, die

in die mechanischen Naturwissenschaften einmünde-
te, während der Sensualismus Lockes zu unmittelbar
sozialistisch-kommunistischer Konsequenzenzieherei
führen musste, denn wenn alles abhängig sei von äußeren Umständen, so müssen ebendiese menschlich gestaltet werden. Marx zitiert hierzu ausführlich Locke
und Helvetius (*ebenda, S. 136 ff*).

Aber auch hier steht Marx noch positiv zu Feuerbach: Dieser habe Hegels Begriffsdialektik aufgelöst,
dessen absolutes Selbstbewusstsein auf den Menschen zurückgeführt. *„Alle Kämpfe zwischen Materialismus und Spiritualismus"* habe er durchge-
kämpft. Bei Hegel (im Idealismus) sei Gott (die Idee)
das Subjekt, der Mensch das Prädikat, Feuerbach habe
das Verhältnis umgedreht. Noch folgen Marx und
Engels Feuerbach, wenn für sie Philosophie abstrak-
ter Ausdruck bestehender Zustände, vom Himmel der
Spekulation herunterzuholen sei in das menschliche
Elend, nicht mehr „überpraktisch" sein dürfe, denn
dadurch könne sie kein wirkliches Urteil über die
Welt fällen, nicht praktisch eingreifen. Zugleich gibt
es in der „Heiligen Familie" auch erste Ansätze der
Distanzierung von Feuerbach, so, wenn sie dessen
Menschen in Anführungsstriche setzten. Der
Mensch, das wird für sie immer mehr das wirkliche,
in Gemeinschaft tätige Individuum, und wie einige
der Schriften („*Zur Kritik der Hegelschen Rechtsphilosophie, Einleitung"*, oder „*Die Heilige Familie"*,
vgl. dort etwa II/37f) zeigen, schon immer mehr der
Proletarier. Also der Tendenz nach geht es bereits darum, nicht an die Stelle des verhimmelten Abstrakt-
ums ein irdisches Abstraktum zu setzen. Außerdem
sind sie, bei aller Zustimmung zu Feuerbachs Idea-
lismus-Kritik, nicht bereit zu übersehen, dass „*Hegel sehr oft innerhalb der spekulativen Darstellung
eine wirkliche, die Sache selbst ergreifende Darstellung"* gibt (*MEW/II/63*)

Dies bedeutete aber noch keinen Bruch mit Feuerbach, gab es immer noch Bemühungen, um mit ihm
gemeinsam zu wirken, worauf Feuerbach aber nicht
einging. Er gewann keine tiefere, innere Bindung zu den
in dieser Zeit sich rasch entwickelnden revolutionär-

proletarischen Kräften, im Unterschied zu Marx, was sowohl politische als auch theoretische unterschiedliche Positionen begünstigte.

Wichtig ist nun, dass Stirner meinte, die (u. a. gegen ihn gerichtete) „Heilige Familie" sei im Gefolge der Feuerbach-Bindungen von Marx und Engels entstanden, wogegen er mit seinem Buch „Der Einzige und sein Eigentum" zu reagieren versuchte. Dieses Buch wirkte unter den Intellektuellen. Indem es Feuerbach, Marx, Engels und andere ideologisch-politisch in einen Topf warf, zwang es Marx und Engels, sich darüber zu äußern, was auch bedeutete, sich völlige Klarheit über ihre Position zu Feuerbach zu verschaffen. Dies war einer der Gründe für *„Die Deutsche Ideologie"*.

Dass dem so ist geht deutlich aus einem Brief von Engels an Marx aus dem November 1844 hervor. Er verweist darauf, Stirner habe mit seiner Kritik an Feuerbach insofern recht, dass dessen Mensch von Gott abgeleitet sei, immer noch einen theologischen Heiligenschein trage. Der wahre Weg zum Menschen müsse beim leibhaftigen, empirischen Individuum ansetzen, aber nicht, um, wie Stirner, dabei stehen zu bleiben. Kurz: Wir müssen vom Empirismus und Materialismus ausgehen „... das Allgemeine vom Einzelnen ableiten ..." (*Marx, K./Engels, F., Briefwechsel, Band I, S. 9 f, Berlin 1949 f*).

Genau dies sollte im Feuerbach-Kapitel der „Deutschen Ideologie" geschehen, jedoch wurde das Kapitel nicht geschrieben. Erhalten sind lediglich wenige sehr konzentrierte Stichworte Marxens, die aber zeigen, dass ein erheblich über die „Thesen" hinausgehendes Kapital gemeint war (*MEW/III/538*). Marx wollte sich nicht nur von Feuerbach, sondern vom gesamten vorherigen Materialismus abgrenzen, aber ebenso vom Idealismus und überhaupt dem seitherigen Philosophieren, indem er dessen Mängel herausstellte – das ist ja aus den „Thesen" deutlich genug zu erkennen.

Die Feuerbach-Kritik diente also auch einem engeren Zweck, nämlich der Abgrenzung von den verschiedenen damaligen Spielarten, sich namens Feuerbachs zum Sozialismus oder Kommunismus zu bekennen (Stichworte: Der wahre Sozialismus Grüns, teilweise auch Abgrenzung von Moses Heß, „rohem Gleichheitskommunismus" usw. usf.). „Tagesaufgabe" war es: ideologisch-politisch „reinen Tisch" zu machen. Das wirkt ja noch bis in das „Kommunistische Manifest" hinein (wie etwa die Vorrede zeigt, die in *MEW/III-13 f* nachzulesen ist).

Damit haben Marx und Engels mit ihrem „ehemaligen philosophischen Gewissen" abgerechnet. Wir sind am Geburtsort der neuen Weltanschauung angelangt, die „Thesen" sind, wie Engels hervorhob, ihre konzentrierteste Fassung, ihre „geniale Keimform"!

Worin bestehen die philosophischen Kernpunkte der Thesen?

1. in der Kritik an der anthropologischen Begründung des Materialismus.

2. in der Klarlegung der grundlegenden Mängel bisherigen Philosophierens (was nur möglich war durch Wechsel der Klassenposition vom bürgerlichen zum proletarischen Standpunkt).

Diese Kritik an der anthropologischen Begründung des Materialismus ist nun von zentraler Bedeutung. Denn immer wieder versuchen bürgerliche und revisionistische Autoren, Marx auf diese anthropologische Begründung zurückzuführen.

Worin besteht dabei das Argumentationsschema?

1. Es wird zurückgegriffen auf die – früheren – „Ökonomisch-philosophischen Manuskripte". Bei aller Genialität weisen sie dennoch ein anderes philosophisches und politisches Niveau auf. Die darin benutzten Termini *Wesen, Existenz* u. ä. werden herausgenommen und im Stile der heutigen existentialistischen Philosophie, also im Gegensatz zu ihrem ursprünglichen Kontext interpretiert. Dies geschah etwa in den Kommentaren zu diesen Manuskripten, die schon anfangs der dreißiger Jahre von Herbert Marcuse, Hendrik de Man, Ludwig Landgrebe und nach 1945 vor allem von Erich Thier und Walter Dirks verbreitet wurden.

2. wird die Feuerbach-Kritik ausgeblendet und Marxens positives Verhältnis zu Feuerbach ins Zentrum gerückt. So kann an die Stelle des historischen Materialismus ein anthropologisch-existentialistisches Konglomerat gesetzt werden. Die gründliche Analyse der Marx/Engels-Entwicklung während dieser Periode ist also alles andere als nur eine Erforschung ihrer Biographie, es geht um aktuelle Debatten über den Marxismus.

Werfen wir einen kurzen Blick in diese „Thesen" selbst

Feuerbachs „*Vorläufige Thesen zur Reformation der Philosophie*" wollen ein neues Prinzip in die Philosophie einführen, für das der Name Mensch benutzt werden sollte. Alles, was wir unternähmen, es führe immer auf uns selbst zurück. Die Natur habe zur Entfaltung im Menschen geführt, dessen Menschwerdung sei das Werk der Geschichte, diese münde jetzt in die Periode ein, da die Menschen untereinander und mit der Natur in harmonische Beziehung träten.

Den Konstruktionsprinzipien nach ist das Hegels Geschichtstheorie, in welcher an die Stelle der den Prozess antreibenden Idee das innerweltliche Prinzip „Mensch" gesetzt wird.

Darin steckten einige Möglichkeiten: Einmal die des Übergangs zum Geschichtsmaterialismus, sodann die der Überwindung des hegelschen „*Endes der Geschichte*" (in Gestalt der preußischen Monarchie), die des Fortschreitens zur demokratischen Republik als dem Menschen angemessenere Form des Lebens, sogar die des Übergangs auf sozialistisch-kommunistische Positionen. Auf diesem Boden fanden sich denn auch verschiedene bürgerliche und proletarische Kräfte positionsbildend ein. Dies war ja auch der Grund für die anfängliche Feuerbach-Begeisterung von Marx und Engels, für ihren Übergang zu empirischem Forschen, zur Frage nach der Emanzipation des Menschen und der zugehörigen radikalen Theorie. Aber im anthropologischen Prinzip erkannten sie nun den Mangel, an die Stelle wahrhaft revolutionärem theoretischen und praktischen Wirkens zwischenmenschliches, gattungsorientiertes Harmonisieren zu setzen (7. Feuerbach-These).

Feuerbach hatte die religiöse Welt in ihre weltliche Basis aufgelöst, aber nun hätte er damit beginnen müssen, diese zu analysieren, jene Widersprüche in ihr aufzudecken, die zur jenseitigen Verwirklichung des menschlichen Wesens hinführten (*These 4*). Indem dies unterblieb, musste sein Begriff des Menschen abstrakt bleiben. Statt der realen, klassengespaltenen Wirklichkeit ist diese bei ihm auf Harmonie angelegt, ist sein Kommunismus eine Art gemeinmenschlicher, also letztlich bürgerlicher Orientierung (*MEW/III-42*). Dieser Materialismus gelangt nicht zur praktischen umwälzenden Tätigkeit, sondern verbleibt in der passiven, kontemplativen Anschauung der Wirklichkeit (Thesen 9 und 10). So kann das wirkliche Wesen der Entfremdung nicht durchschaut, der Kampf dagegen nicht geführt werden. Diese Mängel Feuerbachs mussten überwunden, der Kultus des abstrakten Menschen musste ersetzt werden durch die wirkliche Wissenschaft vom Menschen und seiner geschichtlichen Entwicklung (Feuerbach hat in späteren Studien, auch des „Kapitals", einige Erkenntnisentwicklung auf diesem Gebiet nachgeholt).

Was die Stärken und nicht nur die Mängel des Idealismus angeht, so sind die „Thesen" alles andere als materialistisch-einseitig, heben sie dessen große Verdienste – gerade auch im Gegensatz zum Materialismus – hervor. Dennoch gilt, auch auf sie bezogen, was die elfte Feuerbach-These für die vorausgegangene Philosophie festhielt, über dem Interpretieren der Welt die Veränderung versäumt zu haben.

Wie zeigt sich in den Thesen der „geniale Keim der neuen Weltanschauung", von dem Engels sprach? (*MEW/Band 21 - S. 264*). In Übereinstimmung und Kritik mit dem deutschen Idealismus – er hatte, Ausdruck der historischen Subjekt-Rolle des Bürgertums der Aufklärungs- und Revolutionsperiode, die „tätige Seite" des Subjekts entdeckt, doch lediglich als intellektuelle Arbeit – hebt Marx emphatisch die gegenständlich-materielle, die nicht nur intellektuell konstituierende Praxis hervor. Ebenfalls in Übereinstimmung und Kritik mit dem vorherigen Materialismus besteht für ihn zwar die außer-subjektive Realität, aber Marx fasst diese nicht als vom Subjekt, seinem Tun abgelöste, nur passiv, nur kontemplativ, nur „unter der Form des Objekts" zur Kenntnis genommene Welt. Materielle Praxis ist ihm nicht die des Bourgeois (sie ist nur die zur schmutzig-jüdischen Erscheinungsform deformierte Praxis des Kapitalisten), sondern ist die Erzeugung der gesellschaftlichen Grundprozesse. Die Wirklichkeit und Wirksamkeit unseres Denkens ergibt sich ebenfalls erst aus der praktischen Bewährung, die jedoch an die jeweiligen gesellschaftlichen Bedingungen gebunden ist. Die innere Verbindung von Subjekt und Objekt mittels materiell-produktiver Tätigkeit und somit der Erzeugung gesellschaftlicher Wirklichkeit führt zur Überwindung der aufklärerischen Milieutheorie, in welcher Mensch und Gesellschaft lediglich als Produkte ihres Seins handeln. Denn dieses Sein ist doch vom Subjekt gestaltet, das aber wiederum jenes Sein als Grundlage seines Wirkens vorfindet. Und die entfremdenden Bedingungen dieses Seins, in welchen sich die Menschen nicht verwirklichen können, führen dazu, sich in Gestalt Gottes zu verdoppeln und in dieser jenseitigen Projektion ihre Verwirklichung zu hoffen. Feuerbach erkannte diese Mystifikation und kritisierte sie, hörte jedoch zu früh mit der Untersuchung dieses Problems auf, fragte nicht danach, welcher Mensch, welche gesellschaftlichen Bedingungen es sind, die den Menschen zu dieser Projektion seines wirklichen Wesens in den Himmel der Mystifikationen zwingt. Marx fordert, die Analyse weiter zu treiben, in den Raum des Menschen hinein, der kein vereinzeltes Individuum, sondern ein Gattungswesen ist, dessen Gattungs-, dessen gesellschaftliche Lebensbedingungen zu erforschen und auf dieser Grundlage zu verändern sind.

Bleibt noch festzuhalten, dass diese Aussage der elften Feuerbach-These hinsichtlich des Verhältnisses von Theorie, Praxis, Interpretation in dieser Absolutheit nicht gilt: Die vielen verfolgten, auch umgebrachten Philosophen zeugen dagegen. Marx wollte (für sich!) auf einen Zentralpunkt verweisen, den es – differenziert – auszuarbeiten gelte.

Angesichts der kritischen Äußerungen Marxens und Engels' über die Mängel der Feuerbachschen philosophischen Position könnte leicht der Eindruck entstehen, dessen Einfluss sei vernachlässigbar. Dem ist nicht so. Die von Feuerbach ausgehende philosophische Umwälzung, weg vom Idealismus, hin zum Materialismus, dieser Befreiungsschlag ist ebenfalls eine Quelle, aus welcher sich der moderne Materialismus speist. Als moderner Materialismus unterscheidet er sich von den früheren Formen durch seine Allseitigkeit, indem es ihm nämlich gelungen ist, das gesamte Gebiet des gesellschaftlich-geschichtlichen Lebens einer materialistischen Behandlung zugänglich gemacht zu haben. Er unterscheidet sich sodann dadurch vom früheren Materialismus, dass er die Dialektik in sich aufgenommen und somit die reduktionistischen, alles aufs Mechanische zurückführenden Auffassungen des alten Materialismus (des mechanischen Materialismus) überwinden konnte. Dabei fragt Marx tiefer als seine Vorgänger. Zwar will auch er wissen, was Geschichte ist, welche Einsichten die Politische Ökonomie vermittelt, was aus der Französischen Revolution zu lernen sei usw. Aber Theorie soll ihm eben mehr als pure Interpretation bieten. Sie soll Leitfaden sein beim Ändern der Welt. Er weiß, wie auch Hegel oder Heine, dass die deutsche Philosophie – von Politischer Ökonomie konnte in Deutschland noch keine Rede sein – die französischen und englischen Verhältnisse widerspiegelt und eben diese Philosophie damit über die deutsche Realität hinausgewachsen ist – allerdings nur im Reich des Geistes. Die Junghegelianer kämpften mit Religionskritik, mit Geisteskritik in der Hoffnung, damit die Wirklichkeit umzustoßen. Marx beginnt zwar auch auf diesem Gebiet, aber bereits in der Einleitung zu seiner Kritik der Hegelschen Rechtsphilosophie lesen wir, dass so, wie die Revolution an die Stelle der Reformation zu treten habe, der Philosoph den Mönch verdrängen müsse. Aber nur mit der Maßgabe, diese (Hegel'sche) Philosophie aufzuheben, indem sie – als Geist der Revolution – verwirklicht werde. Die Kritik müsse von der Zerstörung der Religion, des Heiligenscheins einer verderbten Welt, voranschreiten zur Kritik eben dieser verderbten Zustände selbst. Und wenn die frühen Kommunisten ins entgegengesetzte Extrem der

Junghegelianer verfielen – diese wollten das Geistesreich reformieren, jene warfen es achtlos beiseite -, so ginge es nach Marx nun darum, das aufkommende Proletariat mit den theoretischen Waffen auszustatten, welche als ideelle Widerspiegelung der Revolution entstanden waren: das Proletariat als das Herz, die Philosophie als der Kopf des Umwälzungsprozesses. Wo bei Hegel der Weltgeist – also in verkappter Weise: Gott – die Geschichte bewerkstellige und die Menschen höchstens seine Vehikel darstellten, da suchte und fand Marx im entstehenden Proletariat das neue geschichtsbestimmende Subjekt.

Jedoch, so wird er in den Feuerbach-Thesen dann hervorheben: Er fasst die Arbeit nur als geistige, nicht als wirkliche. Hier setzt dann das Vom-Kopf-auf-die-Füße-Stellen ein, und das Ergebnis ist das Riesenwerk der Analyse des gesellschaftlichen Produktions- und Reprodukionsprozesses, eben das Kolossal-Werk des „Kapitals". Es lässt sich sehr schön nachzeichnen, wie Marx die abstrakten Kategorien Hegels, insbesondere seiner großen „Logik", als Sein und Nichts, Werden, Qualität und Quantität, Maß auf realgeschichtliche, real ökonomische Prozesse im Sinne eben dieser Umkehrung anwendet: Marxens „Kategorien", seine Gegenstände sind dann: Staat und Geschichte. Staat und Religion, (idealistische) Philosophie, als Ergebnisse der „Projektion", weil der wirkliche Mensch in der bestehenden Gesellschaft sich nicht von der Entfremdung befreien kann, projiziert er sein wirkliches Wesen in himmlische Regionen. Es handelt sich um himmliche Projektionen des wirklichen menschlichen Wesens, die aufzuheben die Aufhebung aller Verhältnisse zur Grundlage hat, in denen der Mensch ein erniedrigtes, unterdrücktes, versklavtes Wesen seiner selbst ist – welche Schlussfolgerung Marx aus der Anthropologie des Feuerbach zog, die freilich dieser selbst nicht gezogen hatte.

Anmerkungen

[1] Über diese Formulierung kam es während eines Internationalen Hegel-Kongresses, dem ich beiwohnte zu einem Disput zwischen dem Bochumer Philosophen Hans- Werner Sass und dem damaligen Präsidenten der Internationalen Hegel-

Gesellschaft Wilhelm Raimund Bayer. Sass meinte, die Formulierung stamme von Feuerbach selbst, sei im Feuerbach'schen Familienkreis im Schwange gewesen, Bayer widersprach, die Worte stammten von Marx. Dem ist tatsächlich so, sie finden sich in dem kurzen Aufsatz Marxens aus dem Jahre 1842 „Luther als Schiedsrichter zwischen Strauß und Feuerbach", veröffentlicht in der ersten *MEGA, Band 1, S. 147.*

[2] Die bekannten Worte des Xenophanes finden sich in unterschiedlichen Übersetzungen bei gleicher Bedeutung. Vielleicht die schönste bringt Wilhelm Nestle, Vom Mythos zum Logos, Kröner Verlag, Stuttgart, S. 89. Sie lauten dort:
Hätten die Rinder und Rosse und Löwen Hände wie Menschen, / Könnten sie malen wie diese und Werke der Kunst sich erschaffen, / Alsdann malten die Rosse gleich Rossen, gleich Rindern die Rinder / Auch die Bilder der Götter, und je nach dem eigenen Aussehn / Würden die leibliche Form sie ihrer Götter gestalten.

[3] Hier handelt es sich um die bekannte Schrift von Friedrich Engels „Ludwig Feuerbach und der Ausgang der klassischen deutschen Philosophie.

[4] Ludwig Feuerbach, Sämtliche Werke, Ausgabe Bolin und Jodl, Band II, S. 58
Ebenda, S. 89

[5] Diese Kennzeichnung seiner Konzeption findet sich oft in den Werken Feuerbachs.

[6] So in: Anekdota zur neueren deutschen Philosophie und Publizistik, Hrsg. Arnold Ruge, 2 Bände, Band 2, S. 65, auch in der Ausgabe Bolin-Jodl, Band 2, S. 226

[7] Ludwig Feuerbach, Vorläufige Thesen zur Reformation der Philosophie, Band 8 der Ausgabe des Akademie-Verlages Berin/Ost, S. 250

[8] ebenda, S. 262

Exkurs: Zum Neu-Entstehen

Es wird bisweilen gefragt: Ihr dialektischen Materialisten wollt das Neu-Entstehen mit Hegels Dialektik quantitativer Änderungen, die an einem bestimmten Punkt in eine neue Qualität umschlagen, erklären. Ihr müsst doch zugeben, dass damit die Lücke zwischen dem Alten und dem Neuen nicht verschwindet. Was passiert in dieser Lücke? Werden da Naturgesetze gebrochen? Findet da ein Wunder oder der Eingriff Gottes statt? Das ist doch alles recht mystisch für Euch.

Dies zeigt den philosophischen, den ideologischen Status des Themas genügend deutlich: Neu-Entstehen ist einer der kritischen Punkte im Verhältnis von Wissenschaft und Irrationalität. Bleibt der „Sprung" ungeklärt, haben wir eine Fluchtburg für den Irrationalismus unterschiedlichster Art.

Wenn in einem System eine große Menge Elemente (im Sinne von Teilen, Objekten) enthalten ist, kommt ihren Wechselwirkungen große Bedeutung zu. Anders gesagt: Sind an der Wechselwirkung nur wenige Elemente beteiligt, so ist der Informationsaustausch so gering, dass er nicht zur Emergenz führt. Denn das Neuentstehen, die Emergenz kann nie dadurch erklärt werden, dass man es (resp. sie) auf niedere Stufen zu reduzieren versucht. Vielmehr geht es aus der angesprochenen Wechselwirkung hervor, sofern sich weder die Menge der Teile noch die energetischen Verhältnisse ändern.

Zum Einstieg in die Debatte eignet sich ein Buch von Peter Eisenhardt, Dan Kurth und Horst Stiehl: *Du steigst nie zweimal in denselben Fluss. Die Grenzen der wissenschaftlichen Erkenntnis (Rowohlt 1988)*. Der Untertitel des Buches ist in gewisser Hinsicht falsch. Die Grenzen um die es geht, sind nicht jene „der" Wissenschaft, sondern die eines bestimmten Typs von Wissenschaft. Mit ihm gehe es derzeit zu Ende. Aber an dessen Stelle trete ein anderer Typus. Die Autoren gehen mit dem All-Operator nicht nur im Untertitel des Buches, sondern auch sonst bisweilen sehr sorglos um. Im Grunde möchten sie ein einziges Problem klären, jenes nämlich, wie und warum Neu-Entstehen (Emergenz) möglich ist. Sie suchen (und meinen, gefunden zu haben) nach einem „allgemeinen

Naturgesetz" des Neu-Entstehens (*S. 151, 152, 183, 184*), nach einer „allgemeine(n) Theorie der Emergenz" (183). *„Der Prozess der Entstehung neuer Eigenschaften eines Systems ist wissenschaftlich völlig ungeklärt"* (*S. 151*)

Was heißt hier allgemein? Zumal sie am Anfang des Buches Einwände gegen Verallgemeinerung vortragen. Das Verhältnis des Allgemeinen zum Besonderen und Einzelnen betrifft die wichtige Frage, ob es um eine Theorie philosophisch-allgemeinen Charakters oder „nur" um eine solche des naturwissenschaftlich-mathematischen Bereichs geht. Aber Emergenz gibt es in Natur, Gesellschaft, Geschichte und Denken. Eine Theorie hierüber kann nicht nur ein „allgemeines Naturgesetz" sein. Die Autoren sind sich dieser unterschiedlichen Ebenen nicht bewusst, denn sonst könnten sie nicht (*S. 122*) die Physik deshalb kritisieren, weil sie *„nicht klären kann, wie etwas Neues ... entsteht"*. Dies ist kein Thema der Physik!

Wenn also ein „allgemeines Gesetz" aufgespürt werden soll, kann es keines sein, das sich nur auf die Natur bezieht (übrigens: auf welche, auf jene „an sich" oder auf die vom Menschen zurechtgemachte). Es müsste um einen Allgemeinheitsgrad gehen, der alle diese Bereiche übersteigt, das aus ihnen heraus sintert, was in ihnen allen als Problem der Emergenz auftritt. Es käme dann darauf an, das zu verallgemeinern.

Die Autoren bringen Kluges und Interessantes zu den Eleaten, zu Aristoteles und Leibniz aufs Papier, lassen unbekannte Autoren zu Wort kommen, berufen sich oft auf Nietzsche, auch einmal auf Botho Strauss (der zum Thema rein nichts zu sagen weiß). Aber Hegel? Nicht einmal sein Name taucht auf. Und das bei Autoren, die allesamt promovierte Philosophen sind und an Dutzenden Stellen auf Themen oder Kategorien zu sprechen kommen, die für Hegel zentral waren. Etwa die Kategorien *Maß, Bruch* (z. B. *S. 133, 195, 201*). *„Wir werden sehen, dass das Maß der Form in der Theorie der Emergenz die Hauptrolle spielt"* (*156*). Sogar das berühmte Hegel'sche Beispiel des Übergangs von Wasser aus dem flüssigen in den gasförmigen Zustand durch Energiezufuhr taucht auf (*S. 178 f, 182, 259*).

Neues „*entspringt nicht wie Athene aus dem Haupt des Zeus. Neues emergiert aus Altem. Verabsolutierte Diskretheit wie verabsolutierte Kontinuität sind also gleichermaßen unzureichend...*" (*S. 158*). Darüber hätten sie sich längst bei Hegel „schlau" machen können. Im Gegensatz zu dieser These formulieren sie später ihre Theorie der Emergenz allein als eine solche der Diskontinuität! „*In einem komplexen System entsteht eine Singularität, eine grundlegende Diskontinuität, eine 'Bruchstelle'. Das System verliert seine Stabilität und springt*"(!) „*von einem stabilen Zustand in einen anderen.*" (S. 168) Alles Hegel-Themen! Handelt es sich hier wirklich nur um Unkenntnis? Es fiel auch bei Hermann Hakens „Synergetik" auf, dass er – in der Geburtsstadt Hegels lehrend – bis in die sprachliche Übereinstimmung mit Hegel Thesen vortragend, nicht einmal dessen Namen erwähnt!

Es geht den Autoren um den Übergang von einem alten zu einem neuen Typus von Wissenschaft. Worin unterscheiden sich beide? Der angeblich zu Ende gehende habe die Relativitäts- und die Quantentheorie als Basis. Seine angeblich veralteten Methoden seien das Festhalten an unwandelbaren Wesenheiten, der Infinitesimalkalkül und die klassische Wahrscheinlichkeitsrechnung. Der neue Typus fuße auf der fraktalen Mathematik (*S. 159*), der Synergetik (*S. 10, 23, 60, 64, 140, 151, 176 ff*), der Chaos- und Katastrophentheorie (*S.23, 140, 151, 160, 172*), der Theorie der dissipativen Strukturen (*S.61 f, 151, 188*) und der Hyperzyklentheorie. Ihm sei es aufgegeben, das Einzelne, Nichtwiederholbare, Nichtzureduzierende zu erfassen. Im Gefolge Nietzsches wird argumentiert, ging von ihm doch die Konzeption aus, des Einzelne, das Individuelle zu verherrlichen und so gegen das verallgemeinernde, begriffliche Verfahren der Wissenschaft zu argumentieren. Aber die Arbeit der drei Autoren verzichtet dann keineswegs auf jene wissenschaftlichen Standards. Auf Schritt und Tritt verallgemeinern sie, wenden sie Abstraktionen, Klassifikationen an – es geht ja auch gar nicht anders, wenn man sinnvoll reden will. Es ist auch – vor diesem Hintergrund – einleuchtend, dass die Autoren Capra und andere, dem „New Age" nahestehende Gewährsmänner heranziehen!

Worin sehen die drei Autoren die „Lösung" des von ihnen untersuchten Problems?

Erstens vertreten sie die Ansicht, die Wirklichkeit sei „körniger", diskontinuierlicher Struktur – (andererseits aber meinen sie, wir würden die Wirklichkeit „an sich" gar nicht erkennen!).

Zweitens meinen sie, auch die Bewegung sei nicht kontinuierlicher, sondern ebenfalls stückweiser Natur. *„Die gebrochene Bewegung...ist der emergente Schritt im Vollzug"* (S. 211).

Drittens erklären sie, für Messungen dieser Realität sei die fraktale Mathematik Mandelbrots zuständig.

Wieso aber soll dies die Lösung des Problems sein? Sie setzen die ruckartige, „gebrochene" Bewegung mit dem Emergenzprozeß gleich. Dann bedeutet jeder Zustand nach einem Ruck, nach einem Bruch, eine neue Qualität, eben Emergenz.

Wieso aber kann nach einem solchen Bruch nicht einfach der vorherige Prozess wiederholt werden oder gar seine Umkehrung stattfinden? Das folgt aus dem Bruch keineswegs! Wenn alles bewegt ist (dem stimmen wir ja zu), Bewegung gebrochen verläuft und jeder Bruch Emergenz bedeutet, so haben wir es mit nichts anderem als ständigem Neu-Entstehen zu tun, gibt es nichts außer diesem. Wie aber soll unter diesen Bedingungen irgend ein Neues identifizierbar sein? Es wäre genau der gleiche Effekt, wie wenn es keine Emergenz gäbe, kein Neu-Entstehen, keine Bewegung! Heraklits Wort, das den Autoren als Buchtitel dient, wäre verwandelt in die „Radikalisierung" der These durch Kratylos, den Heraklit-Schüler: Du kannst auch nicht ein Mal in denselben Fluss steigen!

Dass die angebotene Lösung keine ist, folgt aus ihren Voraussetzungen einer allein „körnigen" Realität, die sich „körnig" in Bewegung befindet. Habe ich die Position der Autoren über- oder gar falsch interpretiert?

„Die gebrochene Bewegung ... ist der emergente Schritt im Vollzug"(S. 211). Diese These wurde von den Autoren sogar hervorgehoben. „Wir werden diesen Lösungsansatz akzeptieren" (S. 171) Welchen? Jenen Leibnizens, der *„die ... Annahme einer sprunghaften Bewegung"* bedeutet, *„einer steten Neuschaffung"* (!)

160

„des sich Bewegenden, einer Emergenz ... Bewegung ist diskret und ein Spezialfall emergenten Verhaltens" (S. 121)

Sie meinen: Das Problem ergibt sich aus der starren Entgegensetzung von zwei einander ausschließenden Positionen: „Die eigentliche Schwierigkeit" (sie stellen diese in einem „Dialog" auf den S. 128 f dar) „besteht darin, dass bei emergenten Ereignissen die Ähnlichkeit beziehungsweise der Zusammenhang von Vorzustand und Nachzustand offenkundig ist, es also naheliegt, den Übergang mit im wesentlichen einer Transformation darstellen zu wollen. Man hält sich hier bewusst oder unbewusst an die Devise: Natura non facit saltus – schon gar nicht eine Mixtur aus einem großen Schritt und einigen Steppschritten. Auf der anderen Seite ergab sich immer mit gleichem intuitiven Zwang, dass man das Neue nicht auf das Alte reduzieren beziehungsweise mit ihm vergleichen konnte. Beide Seiten hatten schon eher eine weltanschauliche oder Forscherpersönlichkeit gleichsam psychologisch kennzeichnende Dimension, als dass sie in einer theoretischen Synthese miteinander vereinbar gewesen wären. Es standen und stehen sich also zwei gleichmächtige und einander ausschließende Intuitionen gegenüber ...

Der Fehler beider Sichtweisen besteht darin, dass sie Emergenzereignisse entweder auf einen Schlag als ungeteiltes Ganzes mathematisch darstellen wollten oder dass sie es ebenfalls als ungeteiltes Ganzes für letztlich mathematisch nicht darstellbar ansahen. Letztere Position war gewissermaßen eine Spur richtiger, aber dennoch nicht konsequent zu Ende gedacht" (S.213 f), denn hier müsse ein neuer Typus von Wissenschaft, d. h. genau genommen, von Mathematik, einsetzen.

Der hier vorkommende Begriff Transformation meint eine Änderung der bestehenden (geometrischen) Form der Art, dass bei Aufrechterhaltung der Formähnlichkeit Längen-, Breitenmaße etwa des Fisches sich ändern. Und zu dem berühmten Wort (Aristoteles/Leibniz') von der Natur, die keine Sprünge mache, ist den Autoren offenbar Hegels korrigierende Bemerkung nicht bekannt: Er, Leibniz, habe Recht, er hätte nur hinzufügen

161

müssen: sie mache keine unvorbereiteten Sprünge! Sie scheinen dies aber doch irgendwie zu kennen, ironisieren die These aber durch ihre Kritik an den gewissermaßen „*homöopathischen Zwischenschritten*" (S. 133) Im Ganzen aber „lösen" die Autoren die Paradoxie, indem sie voraussetzen, dass es sie nicht gibt, weil die Natur eben „körnig" ist, ebenso die Bewegung, und jeder Bewegungsakt Emergenz bedeutet! „*Sowenig die bloße Ortsbewegung prinzipiell kontinuierlich abläuft*" (wer behauptet denn so etwas?) „*sowenig – ja noch weniger – vollzieht sich der Prozess der Emergenz kontinuierlich*" (S.134), vielmehr geht er „*auf einen Schlag vor sich*". Und hier der Selbstwiderspruch: „*Ein solcher Prozess ist weder rein kontinuierlich noch rein diskret*" (S. 140) Ja was ist er denn nun?

Ist es wirklich möglich (und nötig) alle Emergenzprobleme mathematisch zu behandeln? Und Ist eine mathematische Lösung per se auf die Realität anwendbar? Sie selbst reden von der „*Überschußbedeutung der Mathematik*" (S. 201). Kann man historische Emergenzprobleme mathematisch behandeln? Oder etwa solche des Denkens? Und wenn nicht, was doch offensichtlich ist, so haben wir es mit einem Problem zu tun, das zu seiner Lösung auf Philosophie angewiesen ist.

Kann zum WIE des Neu-Entstehens (das ist nicht die Frage nach dem WARUM) in allen Bereichen als Allgemeines mehr gesagt werden als das, was Hegel auf die Dialektik von Quantitativem und Qualitativem gebracht hat? Zu dieser philosophischen, nicht fachwissenschaftlichen Lösung des Problems haben neue naturwissenschaftliche Forschungsergebnisse, Theorien und Hypothesen sowie solche aus dem mathematischen Bereich wichtige Teilbestätigungen erbracht.

Bewegung und Entwicklung sind zu unterscheiden. Um ein saloppes Beispiel aus der Alltagssprache zu verwenden: Wer mit dem Hintern wieder einreißt, was er mit den Händen schuf, bewegt zwar etwas, aber entwickelt nichts. Entwicklung ist geordnete Bewegung, Bewegung, der eine Richtung innewohnt. Zur Kennzeichnung dessen verwandte Hegel das deutsche Wort

„aufheben": Im Sich-Entwickelnden werden überholte Merkmale annulliert, bewahrensnötige gesichert und in die Zukunft weisende höher gehoben

Der moderne Materialismus geht von der These aus, die Welt (der Kosmos) sei räumlich und zeitlich unendlich. Natürlich kann eine solche These nie bewiesen werden. Sie ergibt sich aus einigen philosophischen und naturwissenschaftlichen Voraussetzungen. Etwa solchen: Es kann etwas nicht aus Nichts entstehen und nicht in Nichts vergehen. Dazu kommen wichtige naturwissenschaftliche Erhaltungsgesetze. Das bedeutet aber auch, dass es kein Außerhalb zum Kosmos gibt, dass dieser sich nicht irgendwie entwickeln kann. IN ihm sind Entwicklungsprozesse möglich, mehr nicht. Und gemäß der Erhaltungsgesetze muss ein „Ausgleich" zu solchen Prozessen irgendwie und irgendwo stattfinden. Man könnte, das obige saloppe Beispiel anwendend, sagen: Was die „kosmischen Hände" an einem „Ort" schaffen, das zerstört der „kosmisch Hintern" an einem anderen.

Wie jedoch kann ein solcher Entwicklungsvorgang stattfinden? Hegel hat, die Gesetzmäßigkeit dessen kennzeichnend, gesagt quantitative Änderungen eines Objekts erreichten ein Maß, wo dessen Überschreitung zu einer qualitativen Änderung führt. Die Dialektik redet hier von „Sprung", „Umschlag" u. ä.

Hier ist nun jener Punkt erreicht, wo es um die schon erwähnte *Fluchtburg des Irrationalismus"* geht. Was geschieht im „Sprung"? Werden hier objektive Gesetze verletzt oder „übersprungen"? Ist für den „Sprung" das „Wunder" oder Gott zuständig?

Die benannten neuen naturwissenschaftlich-mathematischen Erkenntnisse, Theorien, Hypothesen besagen: Quantitative Änderungen führen dazu, dass ein bestehender Stabilitätszustand (dessen „Attraktor", dessen „Ordner") gelockert wird. In den Darstellungen wird oft der „Störfaktor" außerhalb des Systems gesehen: Von außen werden Energie oder Stoff zugeführt oder entzogen. Tatsächlich aber geht die Störung zumindest genau so aus dem Inneren des Systems hervor. Auch die drei Autoren sehen sich gezwungen, die vereinfachte Vorstellung des Verhältnisses von inneren und äußeren

Faktoren zu korrigieren (*S. 168 und 177 f*). Es gehe um den *„Einbau von Fluktuationen in den Werten einer großen Zahl von Variablen"*. Diese seien permanent Zufallsänderungen ausgesetzt (*S. 171*). Das System fluktuiert, oszilliert beim Erreichen des „Maßes". Der qualitative Umschlag ist nun aber nicht das Auftreten eines Neuen als ein „Wunder", sondern bewirkt durch die Dialektik von Zufall und Gesetzmäßigkeit: Prozesse, die mit diesem Oszillieren und Fluktuieren gesetzmäßig (aufgrund der energetischen und stofflichen Gesetze bzw. Beschaffenheiten des Objekts) zusammenhängen, „begegnen" anderen solchen Gesetzen und Beschaffenheiten, die, für sich genommen, ebenfalls gesetzmäßig wirken, doch deren Zusammentreffen nicht gesetzmäßig stattfinden muss. Dieses Zusammentreffen kann (muss nicht!) so geartet sein, dass sich ein neuer „Attraktor", „Ordner" herausbildet, der dem System eine anders geartete Stabilität verleiht. Insgesamt geht dabei weder Stoff noch Energie verloren und wird solche auch nicht neu erzeugt, die Erhaltungssätze werden durch die neu entstehende Qualität nicht verletzt, denn die neu aufgenommene Energie oder der neu aufgenommene Stoffanteil geht anderwärts verloren.

Dieser Erklärungsansatz gilt wohl für die Materie nicht-gesellschaftlicher Art, da hier in dem Prozess nicht mit Bewusstsein begabte, interessengeleitete und (bewusst oder unbewusst) in objektive gesellschaftliche Zusammenhänge eingebundene Individuen aufeinander einwirken. Dieser Unterschied ist zu beachten und folglich nicht einfach die Problematik, wie sie durch Theorien wie jene von den dissipativen Strukturen mit ihren Bifurkationspunkten, der Chaos- und Katastrophentheorie u. ä. herausgearbeitet wurden, auf die Gesellschaft zu übertragen.

Dies weist darauf hin, dass das Problem nicht fachwissenschaftlich, sondern philosophisch geklärt werden muss.

Wenden wir dies auf unser Problem an, streben wir also danach, den die einzelnen Gegenstandsbereiche übergreifenden und das durch die fachwissenschaftlichen Analysen Ermittelte zu verallgemeinern, so gelangen wir zu Hegels Erkenntnis, dass Neu-Entstehen weder lineare Fortsetzung von Änderungsprozessen eines Objekts, noch unvermitteltem Entwicklungsbruch bedeuten kann, sondern das Ergebnis eines spezifischen Zusammenhangs beider Bewegungs-, beider Veränderungsarten ist: Quantitative („lineare" Wachstumsprozesse) schlagen beim Erreichen im Überschreiten eines bestimmten Maßverhältnisses sprunghaft (bruchartig) in eine neue Qualität um.

Abschließend sei noch angemerkt: Es gibt in dem Buch eine ziemliche Anzahl Wirrnissen philosophischer Art, Wirrnissen hinsichtlich des Verhältnisses von Philosophie und Fachwissenschaften, begriffliche Konfusion und Selbstwidersprüche. Hier ein paar Beispiele:

Da ist die Rede davon, man wende sich gegen die Grundideologie der bisherigen Physik. Diese gehe von identifizierbaren Teilchen aus. Der Teilchenbegriff sei aber aufzugeben. Sie wenden sich gegen die Annahme, die Welt bestehe aus sich bewegenden kleinsten Teilchen (S. 135). Aber dann sagen sie, die Wirklichkeit sei „körnig", diskret und heterogen (S. 80, 114, 121, 122).

Der Teilchenbegriff wird abgelehnt, weil im Mikrobereich eine gegenseitige Umwandlung der Teilchen erfolge, es folglich keine festen Teilchen geben könne (S. 108 f, 121). Dass dies jedoch auf die Dialektik von Diskontinuität und Kontinuität in diesem Bereich hinweist, kommt den Autoren nicht in den Sinn. Ein weiteres Beispiel: Alles wirkt, ist Wirkung, sagen sie (S. 81, 94, 135) und spitzen zu: Es gebe nur Wechselwirkungen von Singularitäten (was ist das?! An einer Stelle sagen sie, dass diese nicht identifizierbar seien!) (S. 11). Es gebe keinen Prozess von etwas (S. 16), als Analogie sprechen sie von Wellen auf der Oberfläche (S. 16, 21). Aber Wellen bedürfen eines Mediums. Wie soll es einen Prozess ohne etwas geben, das prozessiert?! Ihre Erkenntnistheorie ist subjektiv-idealistisch, wenn sie sagen: (S. 21 Mitte): Wirklichkeit sei etwas nur, soweit es auf den Beobachter wirkt. Also gibt es unsere Erde erst, seitdem es Menschen gibt, die der Wirkung der Erde ausgesetzt sind? (S. 41) Es gibt nur Messungen ohne Gemessenes? (S. 55, 91, 95). Die Wissenschaftler beziehen sich auf keine an sich seiende, von allen Theorien unabhängige Wirklichkeit. Die notwendigen Bedingungen zwingen ihm diese

Ansicht vielmehr auf. Welche Bedingungen aber sind das? Die Wirklichkeit ist nur ein Grenzbegriff der Wissenschaft (S. 55) Aber: Wissenschaft ist eine unentwirrbare Mischung aus Abstraktion und Wirklichkeit (S. 19) Dann aber kommt der Selbstwiderspruch, wenn auf S. 114 apodiktische Aussagen über die Wirklichkeit getroffen werden: Etwa – in Kritik am Infinitesimalkalkül – *„In der Wirklichkeit"* (!) *„kann ich X nicht beliebig kleine Werte annehmen lassen, denn die Wirklichkeit ist diskret".* Oder: (S. 203): *„Es gibt keine statischen Zustände der Wirklichkeit". „Die Wissenschaft erfasst die Wirklichkeit"* (S. 100) *„Wirklichkeit ist der Prozess"* (S. 104) Und doch auch wieder dies: *„Es gibt keine realen Strukturen"* (S. 158).

Zu bedenken ist aber: So sehr man die „Differenz" zwischen dem kontinuierlichen und diskontinuierlichen Aspekt der Entwicklung „aufklären" mag, sie selbst bleibt bestehen. Sie nach einem ihrer beiden Pole aufzulösen bedeutete, die Entwicklung zu zerstören: Das, was nur kontinuierlich ist, das in sich keine Diskontinuität aufweist, keine Struktur, bei dem fallen, wie schon Aristoteles anmerkte, Anfang und Ende zusammen, das ist das Nichts. Und bei jenem, das nur von Diskontinuität gekennzeichnet wäre, fielen ebenfalls Anfang und Ende zusammen, es wäre ebenfalls das Nichts. Es hilft zum Verständnis des Neuentstehens also nur das Werkzeug der Dialektik, insbesondere des dialektischen Widerspruchs.

Hier endet der Exkurs zur Emergenz.

Dies mag genügen um zu zeigen, wie die moderne Naturwissenschaft aus ihren eigenen inneren Entwicklungsbedingungen heraus zu Einsichten getrieben wird, die philosophisch angemessen ihren Ausdruck nur in modernen, dialektisch-materialistischen Konzeptionen finden können.

Ein weiteres Problem besteht darin, dass es Geschichte, Entwicklung nicht gibt, wenn den sie kennzeichnenden Veränderungen keine Richtung innewohnt. Solche Änderungen würden sich, aufs Ganze gesehen, gegenseitig annullieren. Und wieder ist zu fragen, ob die Fachwissenschaften aus sich heraus das Problem der Richtung von Neuentstehen klären.

Die Thermodynamik hat (in beiden Formen, jener für geschlossene und jener für offene Systeme) zwei Erklärungen für Entwicklung ausgearbeitet, die durch einige andere Konzeptionen (Synergetik, Katastrophentheorie) ergänzt wurden. Aber das eigentliche Problem wird durch die bloße Feststellung von Entwicklung, durch die Einschränkung von Entwicklungsmöglichkeiten (den „zugelassenen" Mustern, Spiralen usw.) und Richtungsbedingungen (Irreversibilität von Entwicklungen) noch nicht geklärt. Richtung schließt nicht nur Neuauftreten, d. h. Hegelsche Negation des Ausgangspunktes ein, sondern notwendig ist eine weitere Negation, durch welche Elemente des Ausgangszustandes und des Negierten quantitativ und/oder qualitativ auf höherem Niveau wieder auftreten. Dies wird bisweilen durch eine Art Geometrisierung veranschaulicht, durch das Bild einer Spirale: Früheres erscheint auf höherem Niveau an analoger Stelle wieder. Und in der Tat finden wir die Struktur der Spirale immer wieder in der Natur, bei Spiralnebeln, in der Doppelhelix. Dennoch darf nicht übersehen werden, dass die Lösung des Problems philosophisch, nicht geometrisch zu geschehen hat. Und philosophisch ist dies entscheidend: Entwicklung findet nicht statt, wenn am Ausgangspunkt nicht etwas vernichtet wird, wenn vom Ausgangspunkt nicht etwas ins Neue mitgenommen wird (weil dann der „Faden" abreißen würde), wenn vom Ausgangspunkt nicht etwas auf eine andere („höhere") Ebene mitgenommen würde (weil es dann gar keine Vergleichsmöglichkeit gäbe, die es gestattet, von einer Richtung zu sprechen). Und dies eben wird durch die Hegelsche Denkfigur, das Hegelsche Gesetz der Negation der Negation erfasst: Negiertes wird sowohl annulliert, als auch bewahrt und höher gehoben, so dass es quantitativ und/oder qualitativ auf höherer Stufe wieder erscheint. Damit enthält aber das Gesetz zugleich das des dialektischen Widerspruchs, und das gleich in mehrfacher Weise, indem es nämlich einmal die Einheit von kontinuierlichem und diskontinuierlichem Moment in der Entwicklung ausdrückt und sodann auch jene von Kreis und (wag- bzw. senkrechter) Linie der Bewegung.

Die Denkmittel zum Verständnis dessen stammen nun wiederum nicht aus der Fachwissenschaft, sondern aus dem philosophischen Nach-Denken jener Probleme, die in ihren Ergebnissen enthalten sind, aus der Dialektik.

Dabei ist die Quelle dieser Entwicklungsprozesse noch nicht aufgedeckt. Am Beispiel des Behandelten mag sie aber einsichtig werden: Nach Hawking war der Ausgangszustand der Materie-Suppe im sog. Urknall höchstgeordnet, nach Ebeling chaotisch. Dies weiter zu klären ist Aufgabe der Naturwissenschaft.

Und ein letztes sei hier noch angesprochen: Die Gegenstände, auf die sich die Fachwissenschaften beziehen, existieren objektiv-real, sind Bereiche dessen, was Hawking einfach „Sein" nannte und was Prigogine einfach mit „Werden" charakterisierte, ohne dass sie es qualifizierten. Wie dies zu qualifizieren sei und wie beider Zusammenhang ist, das sind philosophische Fragen, und dazu äußern sich philosophische Richtungen unterschiedlich.

Es bleiben also als Gegenstände der Philosophie wenigstens die vier angeführten Problemkomplexe: Die ontologische und die erkenntnistheoretische Frage, die Werdefrage und die der spezifischen philosophischen „Etalons".

Du steigst nie zweimal in denselben Fluss.
Die Grenzen der wissenschaftlichen
Erkenntnis (Rowohlt 1988)

Übersichtsregister

Kombiniertes Namens- und Sachverzeichnis

A

Die neue Aufklärung (Nietzsche) 79
Adler, Max 91
Adorno, Theodor 89–101
Agrippa, Menenius Lanatus 14
All-Operator 157
Althaus, Dieter 105
Anaxagoras 63
Anthropologie 143
Antisemitismus 71, 79
Arbeit 26
Arbeiterbewegung 41, 75, 98
Arbeiterklasse 90
Arbeitskraft 26
Arbeitswerttheorie 26, 135
Aristoteles 10, 57, 103, 108, 161
Atheismus 33
Aufklärung 85
Autoritärer Staat 21

B

Bebel, August 90
Biologie 41
Böttger, Johann Friedrich 15
Bourgeoisie 24, 83
Bürgerliche Revolution 21
Bürgertum 21, 30, 77
Burke, Edmund 21, 73

C

Cäsarismus 83
Cassirer, Ernst 41
Christliche Wertegemeinschaft 121
Comte, Auguste 25

D

Darwin, Charles 19, 34
Demokrit 61
Der Einzige und sein Eigentum (Stirner) 147
Destruktivität 96
Dialektik 57, 132
Dialektik der Aufklärung 92
Die Deutsche Ideologie 145
Die Heilige Familie (Marx/Engels) 145
Dilthey, Wilhelm 43
Dimensionsbruch 22

E

Eigen, Manfred 35, 105
Eisenhardt, Peter 157
Emergenz 157
Ende der Geschichte 22
Engels, Friedrich 21, 23, 47, 142
Entwicklungsgesetz 19
Entwicklungsgesetze 20
Enzyklika rerum novarum 47
Erhaltungsgesetze 163
Euthanasie 46

F

Falsifikationsdogma 124
Falsifikationsverfahren 28
Faschismus 73, 83
Feuerbach, Ludwig 139–153
7. Feuerbach-These 150
Flasch, Kurt 72
Fraktale Mathematik 160
Franco, Francisco 117
Frankfurter Schule 87–101
Französische Revolution 22, 24, 77, 141
Freud, Siegmund 89, 96
Frühkapitalismus 22
Fürnberg, Luis 122

G

Geisler, Heiner 113
Gesellschaftswissenschaft 9, 20
Gesellschaftswissenschaft, marxistische 25
Gesetz der Entwicklung 12
Glaukon 9
Goethe 10
Goethe, Johann Wolfgang von 24
Gott 105
Gramsci, Antonio 91
Grundlinien der Philosophie des Rechts 131

H

Zur Kritik der Hegelschen Rechtsphilosophie 49, 144
Habermas, Jürgen 98–101
Hawking, Stephen 36
Hegel, Georg Wilhelm Friedrich 21, 23, 55, 93, 106,
        129–138, 139–153, 157
Heidegger, Martin 84, 89, 95
Herdenthier (Nietzsche) 77
Heß, Moses 148
Hilferding, Rudolf 90
Historischer Materialismus 25, 97
Hitler, Adolf 116
Holz, Hans Heinz 89

Horkheimer, Max 89–101
Humanismus 41, 73, 75
Huxley, Julian 41
Hypothesen 55

I

Idealistische Periode (b. Feuerbach) 142
Ideologen 24
Infinitesimalkalkül 159
Institut für Marxistische Forschungen und Studien 90
Intelligenter Designer 103
Intelligenz (Gruppe) 98
IQ 40

J

Jungen Welt (Tageszeitung) 72
Jünger, Ernst 84

K

Kant, Immanuel 21, 56, 107
Kapitalismus 17, 30, 137
Kausalität 34
Kautsky, Karl 90
Kepler, Johannes 21
Klassen 12
Klassenbewusstsein 96
Klassencharakter 134
Klassenkampf 135
Kommunismus 122
Kommunistisches Manifest 47
Konkurrenzgesetze 41
Konservatismus 21
XX. Parteitag der KPdSU 122
Krieg (Nietzsche) 78
Kritische Theorie 90
Kugelmann, Louis 49
Kurth, Dan 157

L

Lebensphilosophie 42, 91
Leibniz, Gottfried Wilhelm 161
Lenin, Wladimir Illjitsch 23, 89, 109
Liebknecht, Karl 91
Lipps, Theodor 27
Losurdo, Domenico 71–85
Lukács, Georg 73, 90

M

Mann, Thomas 82
Marcuse, Herbert 22, 89–101
Marx, Dr. Reinhard (Erzbischof) 111–117
Marx, Karl 15, 19, 21, 23, 26, 47, 49,
        87–101, 89, 123, 132, 139–153

Marxismus 9, 25, 27, 44, 67, 72
Marxistische Naturphilosophie 30
Materialismus 33, 142, 151
Materialismus und Empiriokritzismus 90
Mechanik 41
MEGA (Marx-Engels-Gesamtausgabe) 90
Mehrprodukt 12
Mehrwertstheorie 135
Merkel, Angela 114
Messmittel 61
Metaphysik 43, 67
Mohl, Ernst Theodor 90
Müller, Adam 21, 73
Mussolini, Benito 117
Mythos 84

N

Naturgesetze 20
Naturwissenschaft 32, 34
Naturwissenschaftlicher Materialismus 30
Negt, Oskar 90
Neuer Mensch 97
Neuhegelianismus 91
Neukantianismus 41, 75, 91
New Age 159
Newton, Isaac 20, 107
Nietzsche, Friedrich 71–85, 92
Nietzsche, Friedrich Wilhelm 22
Nihilismus 83
Nolte, Ernst 72

O

Ökonomisch-philosophischen Manuskripten 144
Oktoberrevolution 73

P

Pariser Kommune 75
Phänomenologie 143
Philosophie 24
Philosophie (und Naturwissenschaften) 53–67
Grundlinien der Philosophie des Rechts 131
Physik 41
Platon 9, 84
Platon, Der Staat 10
Plebejer 14
Popper, Karl 28, 79, 124
Positivismus 25, 27, 31
Postmoderne 73
Proletariat 132

R

Rassismus 17, 18
Rationalismus 83

Rationalität 96
Rattenlinie 117
Realität 55, 61
Rechtsphilosophie 131
Reformismus 75
Rehmann, Jan 72
Religion 122
Religionskritik 152
Revolution 96
Rickert, Heinrich 42, 44
Rüschemeyer, Georg 105

S

7. Feuerbach-These 150
Schmidt, Alfred 90
Schmidt-Salomon, Michael 119–127
Schönborn, Christoph (Kardinal) 105
Schopenhauer, Arthur 13, 20, 25, 43, 75, 89
Schwarz, Berthold 15
Sein 56
Simmel, Georg 25
Sklaven 76
Sloterdijk, Peter 41
Smith, Adam 132
Sohn-Rethel, Alfred 90
Sokrates 9, 84, 93
Sommerschule 1968 97
Sowjetunion 23, 91
Sozialdarwinismus 44
Sozialdemokratie 90
Sozialismus 90
Soziologie 25, 51
Spengler, Oswald 84, 85
Staat 13
Stalin, Josef 92, 122
Stiehl, Horst 157
Stirner, Max 147
Subjekt und Objekt 151
Supermonopole 137
Synergetik 159

T

Theologie 143
Theorien 55
Thermodynamik 167
Tocqueville, Alexis de 21, 73
Totalitarismus 92
Transformation 161
Triebverzicht 96

U

Überflussgesellschaft 96
Urknall 106

V

Vererbung 41
Vernunft 141
Volksaktie 47
Voluntarismus 47

W

Wahrscheinlichkeitsrechnung 159
Weber, Max 25, 27
Weltsozialforum 9
Wende 24
Wetter, Andre 11

X

Xenophanes 141

Z

Zeilinger, Anton 62

Dieses Register bezeichnet **nicht** alle relevanten Vorkommen von Begriffen und Namen. Dem letzten Band der dreibändigen Ausgabe mit Schriften von Robert Steigerwald ist ein umfängliches Register angefügt.

Nachwort zum ersten Band

Mit „Robert Steigerwald in drei Bänden" eröffnet der Kulturmaschinen Verlag seine Edition „Politische Philosophie" und zugleich die in ihr beheimatete Reihe „Moderne und Dialektik". Keinesfalls soll der Titel eine quantitative Beschränkung darstellen. Es handelt sich lediglich um drei zusammenhängende Bände. Wir hoffen auf mehr aus der Feder Robert Steigerwalds.

Der Autor, 1925 in Frankfurt geboren, hat Philosophie, Geschichte und Germanistik studiert, war, bevor er sich der kommunistischen Bewegung anschloss Vorsitzender der FALKEN und Jugendfunkredakteur bei Radio Frankfurt. Der KPD trat er 1948 bei, was seine prompte Entlassung beim Radio zur Folge hatte. Er studierte an der Parteihochschule der SED und wurde dort nach dem Studium Lehrer für Philosophie. Nach seiner Rückkehr in die Bundesrepublik Deutschland wurde er im Rahmen der Kommunistenverfolgungen nach dem Verbot der KPD vom Bundesgerichtshof wegen „Rädelsführerschaft in staatsgefährdenden Organisationen" zu fünf Jahren Einzelhaft verurteilt. Das Urteil und die Haft konnten ihn nicht brechen. Er war späterhin im illegalen Zentralkomitee der KPD aktiv. Seit der Gründung der – legalen – DKP ist Robert Steigerwald dort organisiert. Er gehörte dem Parteivorstand an und war Leiter der Abteilung „Theorie und marxistische Bildung" und langjähriger Chefredakteur der „Marxistischen Blätter".

Man wird gleichwohl (und dieses „gleichwohl" bezieht sich auf die Vorurteile, die Kommunisten gegenüber landläufig sind) feststellen: Robert Steigerwald verharrt weder im Gestern, neigt also nicht zu politischer Nostalgie, noch ist er festgefahren in seinen Ansichten. Seine Analysen sind immer „heutig", sein Handwerkszeug benutzt er kunstfertig: Das ist, was einen guten Marxisten ausmachen sollte – Methodik zur Analyse.

Im ersten Band, es geht um Philosophie und Philosophen, beschäftigt er sich mit all jenem, was Grundlagen für bürgerliche Philosophie und natürlich auch mit jenem, das aus der Marx'schen Analyse heraus notwenig ist. Seine Besprechnung von z.B. Lesurdos Nietzsche-Rezeption macht nicht nur mit dem tausendseitigen Band Lesurdos bekannt, sondern führt mit kritischem Blick auch in das Werk Nietzsches ein.

Der sich am Ende des Buches befindenden „Exkurs zum Neuentstehen" dringt tief in die Probleme der Dialektik ein. Robert Steigerwald zeigt – nicht nur hier – seine universelle Gelehrtheit.

Dienen sollen die drei Bände und jene welche – hoffentlich – noch folgen werden, dazu, die Tiefenerfassung, vernachlässigt von bürgerlicher, postmoderner Denkschule, aus marxistischer Sicht wieder zu beleben *und* zu eigenen, notwendigen neuen Schlussfolgerungen auf der Grundlage des Derzeitigen zu kommen: Denn es geht, etwas anderes ist nicht vorstellbar, immer um die Zukunft.

Leander Sukov

Robert Steigerwald
Unten, wo das bürgerliche Leben ...
Über Philosophie und Philosophen

ISBN 978-3-940274-10-6
Euro 16,80 (D) / 18,80 (A) / 25,80 SFR